KB237214

이젠 없는 것들 2

이젠 없는 것들 2

신나던 시절, 애달픈 정경들

김열규 지음

문학과지성사

2013

이젠 없는 것들 2
: 신나던 시절, 애달픈 정경들

제1판 제1쇄   2013년 2월 28일
제1판 제4쇄   2014년 2월 19일

지은이   김열규
펴낸이   주일우
펴낸곳   ㈜문학과지성사
등록번호   제1993-000098호
주소   121-840 서울 마포구 서교동 395-2
전화   02)338-7224
팩스   02)323-4180(편집)   02)338-7221(영업)
전자우편   moonji@moonji.com
홈페이지   www.moonji.com

ⓒ 김열규, 2013. Printed in Seoul, Korea.

ISBN 978-89-320-2386-1
ISBN 978-89-320-2384-7(전 2권)

* 이 책의 판권은 지은이와 ㈜문학과지성사에 있습니다.
  양측의 서면 동의 없는 무단 전재 및 복제를 금합니다.

그립다 말을 할까,
하니 그리워

그립다
말을 할까
하니 그리워

그냥 갈까
그래도
다시 더 한 번…

저 산에도 까마귀, 들에 까마귀,
서산에는 해 진다고
지저귑니다.

앞 강물, 뒷 강물
흐르는 물은
어서 따라오라고 따라가자고
흘러도 연달아 흐릅디다려.

—김소월, 「가는 길」

저무는 해, 지저귀는 까마귀로 그리움은 더 한층 짙어진다. 흐르는 강물마저 그리움을 채근하고 있다. 온 천지에 그리움이 자욱하다.

그리움은 아쉬움이고 소망이다. 놓쳐버린 것, 잃어버린 것에 부치는 간절한 소망. 그런데 이제 바야흐로 우리 한국인이라면 누구나 사무치는 그리움으로 애달픔에 젖는 것, 그건 뭘까? 지금은 가고 없는 것, 지금은 사라져버린 것, 하지만 꿈엔들 못 잊을 것은 뭘까? 그래서 서러움에 젖는 건 또 뭘까?

우리들의 정서가 기틀을 잡은 어머니의 품과도 같은 것, 우리들 누구나의 마음의 고향과도 같은 것, 그래서 한시라도 잊지 못하는 것들…… 이제 그런 것들이 하고많다. 너무나 많아지고 말았다. 없어졌기에 차마 잊을 수 없는 것! 사라져버렸기에 오히려 더 마음에 사무치는 것! 그래서 고향과도 같고 어머니 품과도 같이 정겨운 것! 여기 그런 것을 다독거려놓았다. 가만가만 등 두들기고 가슴 어루만지듯이 챙겨놓았다.

첫째로는 우리들 감각으로 되돌아보는 것을 모아보았다. 눈에 삼삼 어리고, 귀에 자욱하고, 코며 입에 어릿대는 것들을 한자리에 모았다.

둘째로는 우리들 마음과 가슴에 저려 들어 사무치는 것들을 모아보았다. 우리들 가슴을 짚어내듯이, 우리들 정서를 갈무리하듯이 챙겨놓으려 마음 쓰는 대로 썼다.

이제 이 책으로 해서 다 함께 우리들 정서를 가꾼 어머니 품으로 돌아가게 되기 바란다. 바야흐로 이 책과 더불어서 우리들 마음의 안태 고향에 깃들게 되기를 바란다.

2012년 12월

경남 고성 자란만 물가에서

김열규

귀에 사무치고 코에 서린 것들

귀에 아롱지는 소리!
그러다가 가슴에서 설레는 소리들!
소리도 정겨우면 그리운 이처럼
그 얼굴도 떠오르게 마련,
코에 번지는 향내!
온몸의 살갗에 잔 소름이 돋으면
향도 그리운 사람이듯이 손 내밀어서
잡는다.

소리들

낙숫물 소리

초가지붕을 받치고 있는 처마 끝, 거기서 떨어지는 낙숫물 소리. 그것은 속삭임이다. 때론 나직하게, 때론 알뜰하게 맴도는, 그 소리에 우리는 고개 숙이고 귀 기울이게 된다. 촉촉이 젖어드는 우리 마음, 낙숫물 소리는 그렇게 우리 가슴에 스민다.

바깥에 비안개가 자우룩하다. 가만가만 고여 있는 듯싶다가도 바람결 따라 가볍게 설렌다. 그러다가는 맴을 돌기도 한다.

안개를 헤집고는 여린 비가 내린다. 안개에 저린 빗줄기가 가는 비단 실오리처럼 곱다.

온 뜰 안이 촉촉이 비에 젖는다. 늦은 봄, 감나무의 햇잎에 방울방울 빗방울이 엉겨서는 사뭇 영롱하다. 두 그루 감나무 줄기 너머 흙 담장이 노다

지로 비를 맞고 있다. 흙과 돌로 반죽해서 세운 담장 위의 너설에 웬 구슬이
람? 굵은 눈깔사탕 크기의 황금빛 달팽이가 꼼지락대는 데 따라서, 비 젖은
푸른 잎들이 술렁댄다.

멍청히 서 있다 말고는 마루 끝에 털썩 주저앉는다. 바닥이 젖은 탓일까?
엉덩이 밑이 차갑지만 크게 싫지는 않다. 그 촉감이 오히려 정겹다. 살며시
눈을 감는다. 고개 숙이고는 마음으로 비를 맞는다. 머릿속도 가슴속도 자
우룩해진다.

‘후두두, 후두둑!’

처마 끝에서 낙숫물 떨어지는 소리! 새삼 귓전에 울린다.

짚 지붕 아래 서까래를 따라 옆으로 엮인 처마 끝의 짚대마다 비가 줄줄
이 떨어지고 있다. 드센 비 기운을 타고 낙숫물 줄기가 제법 굵다. 비췻빛
구슬로 엮은 발을 친 듯, 섬돌 위에 그리고 죽담에 빗방울이 떨어진다.

후두두! 그 굵직한 소리에는 무슨 사연이 깃들어 있을까? 숨이 차고 사
연도 밭은 것일지 모른다. 절로 숨소리를 낮추고는 귀 기울인다.

‘주르륵, 주르륵!’

짧고 가벼운 세마치장단의 울림에다 비는 어떤 소식을 담은 걸까? 그뿐
만 아니다. 안개에 반쯤 가린, 저 앞산 봉우리 너머 비를 내리고 있는 높은
하늘은 구름 속에 어떤 사연을 품고 있을까? 딱히 그 속내를 따져서 들을
수는 없지만 주르륵 대는 낙숫물 소리에 마음이 사로잡힌다.

어느새 마루 끝 죽담도, 거기 얹힌 섬돌도, 비에 젖는다.

문득 빗줄기가 한층 약해진다. 낙숫물 소리도 잦아든다.

‘주르르, 주르르!’

낮은 속삭임인 듯 들려온다. 아니, 중얼댐일까? 도란대는 것 같기도 하다.

‘주르르, 주르르!’

처마 끝에서 낙숫물 떨어지는 소리! 거듭 거듭 귓전에 울린다.

섬돌 구멍에 물이 고이고, 그 둘레의 죽담에도 군데군데 송골송골 구멍이 패인다.

주르르 하는 소리, 그것에는 어떤 사연이 깃들어 있을까? 절로 숨소리를 낮추고는 귀 기울인다.

‘주르르!’

빗소리 듣고 그 사연에 귀 기울여본 적이 있었던가? 주르륵, 중얼거림일 수도 있고, 조르륵, 재잘댐일 수도 있었을 텐데…… 그래서 내게 건네는 사연도 말귀도 머금어져 있었을 텐데…… 나 말고는 아무도 없는 곳에서 중얼대고 재잘대면, 그건 내게 전해진 것일 텐데……

무슨 변덕일까? 이렁저렁 생각에 잠겨 있는 새 빗줄기가 다시금 굵어진다.

먼데 소리 엿듣듯이 새삼 귀를 기울인다. 마음을 쏟는다. 그래도 짚이는 게 없다. 나는 마음을 고쳐먹는다. 불쑥, 죽담 아래로 내려선다.

때맞추어 더 한층 기세를 올리기 시작한 비에 온 머리와 얼굴이 함초롬히 젖는다. 목덜미에 싸! 하고 소름이 돋는다. 이내 머리카락을 타고 ‘후두두, 후두둑!’ 이마로 비가 쏟아진다.

옳거니! 비와 나는 이제 통했다. 주르륵, 주르륵! 그 사연으로 비와 나는 하나가 된다.

한데 오늘날 도시에서는 낙숫물 소리가 멎고 말았다. 아파트에도 비는 쏟아지지만 처마도 처마 끝도 없는 탓에 낙숫물이 내리지는 않는다. 그것은 내리는 비에서 서정을 지우고 만 것이나 마찬가지다. 가슴으로 비 맞을 그

서정이 그치고 만 것이다. 그래서 모처럼의 비도 사막처럼 삭막해지고 마는
것이다.

타작 소리

작년에 피었던 우리 마지막 꽃—국화꽃이 있던 자리,
올해 또 새 것이 자넬 달래 일어나려고
한로寒露는 상강霜降으로 우릴 내리 모네.

오게,
지금은 가다듬어진 구름.
헤매고 뒹굴다가 가다듬어진 구름은
이제는 양귀비의 피비린내 나는 사연으로는 우릴 가로막지 않고,
휘영청한 개벽開闢은 또 한 번 뒷문으로부터
우릴 다지려
아침마다 그 서리 묻은 얼굴을 추켜들 때일세.

오게
아직도 오히려 사랑할 줄을 아는 이,
쫓겨나는 마당귀마다, 푸르고도 여린
문들이 열릴 때는 지금일세

—서정주, 「가을에」 중에서

미당 서정주의 「가을에」라는 시가 제철을 만난 즈음이다. 이슬 내리고 서리 기운 매서워도 그것이 오히려 사람들로 하여금 "푸르고도 여린 문"을 향해 일어서게 한다는 시 구절이 사뭇 눈에 든다.

그렇듯이 지금은 늦가을 햇살이 눈부시다. 가을걷이가 막 끝난 논에는 작은 언덕마냥 군데군데 수북수북 볏가리가 쌓여 있다. 거기 고추잠자리들이 배 깔고 앉아 졸고 있다. 햇살도 그 날개를 타고 졸고 있는 것 같다. 풍요와 축복의 기척이 온 들에 고여 있다.

그런 들판을 끼고 있는 아늑한 마을의 고샅 안, 농가의 넓은 뜰 한가운데, 무슨 일이 벌어지고 있다.

거기 깔린 멍석자리를 에워싸고 세 사람의 장골이 뱅글뱅글 맴돌고 있다.

이슬 내리고 서리 기운 매서워도 그것이 오히
려 사람들로 하여금 "푸르고도 여린 문"을 향
해 일어서게 한다는 시 구절이 느껴진다.

너풀대는 바짓가랑이는 종아리에 동여매고 저고리 소맷자락은 몇 겹으로 접어 팔뚝에 싸맨 차림새는 무슨 큰 싸움판이라도 난 것 같아 보인다. 씩씩해도 여간 씩씩해 보이는 게 아니다. 수건으로 머리를 질끈 싸맨 것이 기세를 한껏 돋우고 있다.

그런 모습, 그런 맵시로 세 사람의 용사는 나무 작대기를 내리치고 후려치면서 돌아가고 있다.

철썩, 철썩, 철썩!

소리가, 그 울림이 다부지고 야무지다. 땅바닥을 쾅쾅 울리고는 허공에서 울릉대듯이 메아리치는 그 소리가 아귀차다.

휙, 휙, 철썩!

세 사람이건만, 소리는 일부러 합창이라도 하는 듯 잘도 어울린다. 척척, 장단이 잘 어울린다. 천생연분이란 이런 것인가 싶기도 한다.

여기 지금, 그렇게 타작 판이 벌어지고 있다. 타작마당의 타작꾼은 몸짓이 날렵하고 손길이 날쌔다.

그들이 두 팔로 움켜쥔 긴 작대기는 '도리깻장부'라고 한다. 그 도리깻장부 꼭대기에 '도리깻열'이 매달려 있다. 가느다란 생나무 휘추리를 네다섯 가닥씩 엮어서 맨, 그 모양새는 꼭 독수리의 발가락처럼 사납고 날렵하다.

도리깻장부가 휙휙 푸른 하늘로 솟구쳐서는 멍석자리에 철썩철썩 내리꽂힌다.

휙휙! 찰싸닥 찰싸닥!

장단이 찰떡궁합이다. 천생연분으로 멋지게 아울린다.

도리깻장부가 허공에서 돌아칠 적마다 드맑은 푸른 하늘에 가닥가닥 비취색 실낱과도 같은 금이 그어진다. 그냥 그대로 하늘이 쪼개질지도 모를

휙휙! 찰카닥, 찰카닥! 도리깻장부가 휙휙 푸른 하늘로 솟구쳐서는 멍석자리에 철썩철썩 내리꽂힌다. 매치다 못해 휘갈기다시피 한다.

만큼 기세가 벅차다. 도리깻장부가 그렇게 거칠게 위로 솟구칠 적마다 그 맨 꼭대기에 매달린 도리깻열이 허공에서 요동친다. 무서운 괴물이 커다란 손가락으로 누군가를 겁주듯, 날카로운 삼지창의 날처럼 희번덕인다. 그것이 '찰카닥! 찰카닥!' 아래로 내리꽂힐 적마다 자리에 깔린 볏단 머리에서 누런 가루가 연기처럼 튕긴다.

글쎄, 여남은 아니면 스무 다발쯤의 볏단이 두 줄로 누워 있다. 사이좋게 머리를 맞대고 두 줄로 나란히 누워 있는 이삭에 도리깻열이 난타亂打를 가한다. 매치다 못해 휘갈기다시피 한다.

한데 도리깨질엔 절도가 있어야 한다. 내리치되, 마구잡이로 아무렇게나 내리치는 게 아니다. 이삭에 닿는가 싶을 때, 살짝 멈춰야 한다. 그래야 이삭에서 떨어져 나온 낟알이 사방으로 무작정 튕겨서 흩뿌려지지 않는다. 그게 요령인데, 그런 숙련된 경지에 다다르자면 상당한 세월에 걸쳐 솜씨를 닦아야 한다.

그렇게 동작이 반복되는 동안에 벼 낟알이 이삭에서 떨어져 멍석 위에 쌓인다. 황금더미가 쌓인다. 이제 방앗간에 가지고 가 벼의 하얀 알갱이, 그러니까 쌀알이 불거지게만 하면 된다.

도리깨질, 타작 몸놀림에 따라서, 소리가 인다. 울린다.

휙휙! 찰카닥, 찰카닥!

그건 가을이 농익다 못해 농군들의 맥박과 아울리는 소리, 그들 심장의 고동鼓動 소리와도 같은 것! 벼농사를 목숨 부지의 으뜸으로 삼은 사람들, 그 율동을 따라서 세월이 와서는 가고 철이 찾아들었다가는 지나갔다.

휙휙! 찰카닥, 찰카닥!

그 울림을 따라서 삶이, 그리고 목숨이 맥박 쳤다.

그러나 지금 우리들의 도시 생활에, 아파트 살림에서 그런 소리는 일 턱이 없다. 그 삶의 맥동脈動이 멎은 지금, 다들 자신도 모르게 시들어가고 있을지도 모른다. 우리에게 가슴 뛰는 일, 가슴 울림이 일손의 장단과 맞장구를 치는 그런 일은 이제 가고 없다. 컴퓨터의 클릭 소리, 메마르게 딸깍대는 그 소리에는 정이 실려 있지 않다.

다듬이 소리

다듬이 소리, 그것에는 우리들 어머니의, 우리들 누나의 맥박이 실려 있었다. 염통 뛰는 움직임도 거기 어울려 있었다. 빨랫방망이질도 다를 게 없다. 한참 계속해서 열중하다 보면 할딱이는 숨결도 합창이 되곤 했다.

뚝딱! 뚝딱!

돌 위에 나무 방망이 부딪치는 그 높은 울림!

그러다가,

토닥! 토닥!

제법 두툼한 천 뭉치를 나무 방망이가 두들겨대는 그 낮은 울림!

안방에서 아니면 안채 대청에서 일어나는 이 소리, 이 울림은 뭘까? 그렇다. 그건 다른 소리도 울림도 아니다. 부인네들이 다듬이질하는 소리다.

어떻게 들으면 요란 벅적지근하고 시끄러워서 귀가 따갑다. 그러나 달리 들으면 옹골차고 알차서 듣는 이의 가슴이 절로 할딱이게 만든다. 그런 게 다듬이 소리다.

지난 시절, 옷이랑 이불이랑 뭐든 천으로 된 것의 빨래는 모두 부인네, 여인네의 일거리였다. 세탁이란 말은 아예 안 쓰였고, 오직 빨래란 말만 주고받던 시절, 빨래는 여성이 전담한 일거리였다.

그런 일에 여인네는 두 가지 방망이질을 해야 했다. 하나는 빨랫방망이질이고, 다른 하나는 다듬이 두들김이었다.

빨랫방망이질은 개울에서 요란했다. 빨래꾼은 개울의 물가, 바위 너설이나 넓적한 돌 판때기를 깔고 앉아서는 그것을 빨래터 삼아 애벌로 씻은 빨랫감을 빨랫돌에다 받쳐놓고는 나무 방망이로 두들겨댔다.

김홍도의 「빨래터」는 그런 장면을 익살맞게 보여준다.

방망이질을 하면 물이 튈 것이고, 그래서는 치마랑 속바지가 젖을 테니

뚝딱, 뚝땍! 토닥, 토닥! 천 뭉치를 나무 방망
이가 두들겨대는 그 낮은 울림! 안채 대청에
서 일어나는 이 소리, 이 울림은 뭘까?

까 여인들은 아예 허벅지까지 드러내고는 빨래에 열중하고 있다. 조선 시대
에는 여인네가 허벅지까지 노출하면 그것만으로도 '누드'가 되고도 남았다.
그 누드 장면을 갓까지 갖추어 쓴 선비 차림의 사내가 부채로 얼굴을 가리고
는 은근슬쩍을 넘어 아예 노려보듯이 꼬나보고 있다. 남의 성적인 모습을 슬
그머니 숨어서 들여다보는 짓을 '피핑Peeping'이라고 하고, 그런 사람을 '피핑
톰Peeping Tom'이라고 하는데, 이 선비는 에누리 없는 조선 판 '피핑 톰'이다.
우리말에 '관음증'이란 고약한 낱말이 있는데, 그것을 '피핑'으로 번역해도 좋
을 것이다.

　그 녀석은 보나 마나, 철썩! 철썩! 아니면 철벅! 철벅! 여인의 빨랫방망

23

김홍도, 「빨래터」

이질을 따라서 자신의 염통도 방망이질하듯 울렁대는 것을 경험했을 것이다. 한여름 산골의 시원한 계곡, 그래서 빨랫방망이 소리는 날렵하고도 삽상했을 텐데, 웬걸 이 '피핑 톰 선비'의 가슴은 불붙는 듯했을 것이다.

콸콸거리고 세차게 물이 내리 쏟아지는 계곡 물가가 아니라도 물빨래를 하는 방망이질은 어디서나 시원하게 마련이었다. 덩달아서 빨랫방망이 소리도 듣는 사람의 가슴을 후련하게 씻어 내려주었을 것이다.

하지만 다듬이 방망이질과 그 소리는 사연이며 속내가 좀 복잡하다.

우선 소리부터가 빨랫방망이 소리와는 같을 수가 없다.

다듬이질은 깨끗이 빨아서는 풀을 먹인 옷이나 피륙을 방망이로 두들기는 일이다. 그러면 피륙과 옷의 섬유가 한결 더 섬세하고 부드러워진다. 그뿐만 아니라 윤기마저 돋워진다. 명주든 비단이든 옷을 걸치면 반잘반질 빛이 난다. 그런 빛은 전기세탁기로는 어림 반 푼어치도 없다. 다듬이질에서는 다듬잇돌에 방망이가 직접 부딪치지는 않는다. 돌 위에 깔린 피륙이나 옷을 다듬이포대기로 싸서 방망이질을 하는 만큼 날카롭고 딱딱한 소리가 생짜로 날 턱은 없다. 더욱 다듬잇돌 아래는 다듬잇방석이 깔려 있기에 방망이 소리에는 제법 무게가 실리게 되어 있다.

그럴 뿐만 아니라 다듬잇감은 대개가 깨끗이 빤 뒤에 풀까지 먹인 터라 방망이 소리에는 더 한층 무게가 실려 육중하게 들리게 마련이다. 이건 어

24

김없는 사실이다. 하지만 다듬잇감이라고 해봐야 그리 두껍지는 않았기에 그 아래를 받치고 있는 다듬잇돌의 바탕은 나무 방망이 소리에도 상당한 영향을 주었다. 말하자면 방망이 소리에 다듬잇돌의 단단한 울림이 일게 되어 있었다.

그래서는 타닥타닥! 아니면, 탈싹탈싹! 울리게 되어 있었다.

하지만 이제 그 소리는 모두 그친 지 오래되었다. 빨랫방망이도 다듬잇방망이도 이제 제 본성을 잃고는 아무렇게나 내버려진 신세가 되고 말았다.

아낙네들 떨이하는 소리

농촌에서 남성만 타작을 했던 것은 아니다. 여성, 아주머니들도 역시 타작을 했다. 하지만 남정네의 타작과는 달랐다. 쌀이나 보리 따위는 남정네가 타작했다. 한데 콩, 팥, 녹두, 깨 따위의 잡곡을 타작하는 것은 여성의 구실이었다. 여기에도 한국 전통 사회의 특별난 남녀 구별이 있는 셈이다. 주식主食, 이를테면 밥을 짓는 데 쓰이는 주곡主穀의 타작은 남정네의 몫이고, 부식副食이나 찬거리로 쓰일 곡식의 타작은 아낙네의 몫이었다.

주主와 부副가 남과 여의 구분이 된 셈이다. 주요主要한 것, 으뜸가는 것은 남성에게 돌아가고, 부차副次적인 것, 버금가는 것은 여성에게 돌아갔던 것이다. 남녀 차별이 이 지경이었다. 오죽하면 곡식의 종류를 두고서, 또 그 곡식을 다루는 짓을 두고서도 남과 여가 차별되었으니, 요즘 여성 같으면 박차고 일어설 게 뻔하다.

그런 여성의 타작은 따로 '떨기'라거나 '털기'라고도 했다. 콩, 팥, 녹두

등을 떤다고 하는 것은 알맹이에서 껍질을 벗겨낸다(털어낸다)는 것을 의미
한다. 떨기나 털기나 그게 그것이었다.

아낙네들이 마당에 멍석을 넓게 펴고는 그 둘레에 쪼그리고 앉는다. 멍
석에는 밭에서 거두어 말려두었던 곡물을 늘어놓는다. 껍질째인 콩, 팥, 녹
두, 깨 따위가 펼쳐진다. 그러고 나면 아낙네들은 꼬챙이니 작대기를 쥐어
잡고는 멍석의 여기저기를 내리친다. 바삭하게 말린 곡식을 작대기나 꼬챙
이로 두들긴다. 콩, 팥, 녹두, 깨 들을, 그나마 껍질 속에 들어 있는 것을 떨
고 또 턴다.

저고리 소매 걷어 올린 채로, 팔이 위 아래로 세차게 요동친다.

타닥 타닥!

탈싹 탈싹!

소리가 울린다. 그것과 장단 맞추어서 팔이 움직인다. 그러다가는 작대
기를 한 바퀴 머리 위로 휘둘러서는 멍석에 내리꽂는다.

휘익! 철썩!

요동하는 팔이 거기, 울림에 장단을 맞춘다.

어느새 멍석에서는 풀썩풀썩 먼지가 인다. 지친 걸까? 아주머니가 눈을
끔뻑인다. 숨을 크게 토한다. 그러노라면 내리치는 팔에 힘이 더 들어간다.
콩이며 팥, 녹두의 깍지가 튀고 낟알이 튕겨져 나온다. 깨 이삭에서는 깨가
알알이 쏟아져 나온다.

그런 동작을 오랫동안 되풀이한다.

타닥타닥!

터들터들!

쉬지 않고 계속한다. 부지런을 떤다. 그런 아주머니의 기세에 깍지가 거

의 다 털려 나간다. 노란 콩, 빨간 팥, 푸른 녹두, 그리고 누릇누릇한 깨가 수북수북 쌓인다.

이윽고 아낙네들은 턴 곡식을 쓸어 담아서는 키에 올려놓고 '까불질'을 한다. 키를 까불러서 쓸모없는 부스러기를 털어내는 것이다. 그러고 나면 낟알이 어느새 큰 통 안에 수북이 쌓인다.

에헤야 데헤야,
임 마중 가세.
보름달이 떴다.
임 마중 가세.
이헤야 데헤야.

아주머니는 땅바닥에 주저앉은 채로 반춤을 춘다. 어깨를 둥싯대면서, 엉덩이를 흔들대면서 곱상하게 반춤을 춘다. 올해도 대풍이다!

방아 소리

닐리리 쿵더쿵 찧는 방아
언제나 다 찧고 임 마중 가나.
노란 대가리 뒤범벅 상투
언제나 길러서 내 낭군 삼나.

걱정을 말고서 수심을 마라
수십 년 안짝에 내 낭군 된다.

늴리리 쿵더쿵 찧는 방아
언제나 다 찧고 임 마중 가나.
청치마 자락에 쌓였던 담배
쓰레기만 거쳐도 맛만 좋으네.

　이건 강원도의 「절구방아 찧기 노래」다. 익살을 재미있게 떨고 있다. 익
살에 실어서 찧어대는 방아 소리가 흥겹다. 방아를 찧고 있는 여성의 나이
가 얼마나 되었을까? 보나마나 아주머니일 텐데도 마치 어린 소녀인 듯 노

늴리리 쿵더쿵! 방아 찧는 쿵더쿵 소리와 그
것에 장단 맞춘 방아 노래가 울려 퍼지는, 그
런 뜰은 이젠 없다.

래하고 있다. 아니, 나이 든 노처녀인 것처럼 노래하고 있다.

마땅한 신랑감을 구할 수도 없는 처지여서, 이냥 이대로 처녀로 늙을지도 모를 신세에 자신을 빗대고 있다. 그런 지경에 어린 사내아이 하나 골라잡아서는 먼 훗날 신랑감 되기를 꿈꾼다. 그 녀석이 자라서 상투를 틀기까지 오래오래 기다려서 가까스로 시집가게 될, 그날을 꿈꾼다.

그런 노처녀의 사연이 이 절구방아 찧는 소리의 장단과 어우러져 있다. 말하자면, 노처녀 신세타령이 방아공이 내리찧는 울림과 합창하고 있는 셈이다. 그래서 노랫말의 익살이 더 신난다.

널리리 쿵더쿵!

움푹한 돌확이나 돌절구에다 대고는 곡식을 찧는 소리다. 그게 마치 '아리덩더쿵' 하듯이 메아리 치고 있다. 하지만 방아공이 찧어대는 소리를 흉내 내는 노래 마디는 매우 다양하게 노래되곤 했다. '달그동 달그동' 하고 울리는가 하면, '쿵더쿵 쿵더쿵' 하고 소리 나기도 했다. 그런가 하면 '에헤로 찧어도 찧어도 방아 흥이로구나'라고 흥청대기도 했다. 하지만 방아 찧는 쿵더쿵 소리와 그것에 장단 맞춘 방아 노래가 울려 퍼지는, 그런 뜰은 이젠 없다.

> 방아를 찧세 방아를 찧세.
> 쿵덕쿵덕 찧는 방아
> 언제나 찧고
> 임 마중 가나.

그렇게 마음을 담아서 반길 임도 이젠 사라진 걸까.

풀피리, 버들피리 소리

보리피리 불며

인환人寰의 거리

인간사人間事 그리워

피—ㄹ 닐리리.

한센씨 병이라고도 하는, 나병을 앓은 적이 있는 한하운의 시 「보리피리」
의 한 구절이다. 여기서 '인환人寰'이란 어려운 말을 쓰고 있는 것을 보면, 이
시인은 한문 공부도 많이 하고 한문학에도 깊은 지식을 갖추고 있었던 것으
로 보인다. 인환의 '환寰'은 서울 장안과 같은 뜻의 말이다. 하지만 사람 인人
자를 붙여서 인환라고 하면, '인경人境'과 같은 말로 그냥 '사람 사는 세상'이
란 뜻이 된다.

한데 시인은 하필 보리피리를 불며 사람 세상을 지나노라 노래하고 있다.
한두 세대 전만 해도 한센씨 병을 앓는 사람은 세상에서 소외된 채로 살아야
했다. 전라남도 바다에 있는 소록도의 수용소 같은 곳에 몰려서 세상을 등
지고 살아야만 했다. 그런데도 이 시인은 인환의 거리를 보리피리 불며 지
나가고 있다. 그것은 소외를 이기는 결과를 빚기보다는, 오히려 외톨이의
느낌을 더 진하게 경험케 했을 것이다.

'피릴릴리.' 그런 풀피리 소리는 한결 더 애달프고 애잔했을 것이다. 소
외감이 절절히 그 울림에 실려, 외로움을 달래자는 소리가 외로움을 더하기
만 했을 것이다. 그러니 무슨 비가悲歌처럼 들렸을 것이다.

버들잎을 접어서 입술 새에다 물고 소리를 내
면 버들피리가 됐다. 푸른 잎만큼 싱그러운
소리가 거기서 울리곤 했다.

　버들피리는 가느다란 버들 생가지를 꺾어서 만든다. 속살을 빼내고 껍질
만 길고 동그랗게 남겨서 입에다 대고 불면 '피릴리' 소리가 났다. 아니면
버들잎을 접어서 입술 새에다 물고 소리를 내면 그게 버들피리가 되기도 했
다. 푸른 가지만큼, 푸른 잎만큼 싱그러운 소리가 거기서 울리곤 했다.

　말하자면 버들피리는 이 땅에서 자라난 아이들의 '자연 악기'이고 '천연
피리'였던 셈이다. 버들피리나 버들잎을 불며 논둑길을 걸으면 벼들이 싱그
러운 바람과 합세해 함께 합창을 하곤 했다.

　그런데 시골 아이들은 버들피리 말고도, 그러나 비슷한 자연 악기를 또
불어댔다. 그게 풀피리다. 풀잎피리라고도 한다. 좀 넓고 큰 풀잎들, 그러니
까 갈대나 억새 따위의 잎 또는 널따란 나뭇잎을 입에다 물고 '푸르릉!' 또
는 '파르릉!' 소리 내며 그걸 풀피리라고 불렀다.

　그건 시골 아이들의 플루트flute고 혼horn이었을까? 그걸로 아이들은 멋

쟁이 풍각쟁이가 되기도 했고, 동네 안팎의 일류 악사가 되기도 했던 것이다. 혼자서 만이 아니다. 이중주도 하고 삼중주도 하면서 들길을 걷자면, '피릴리!' '푸르룽!' '파르룽!' 절로 신바람이 났다.

그러나 이제 그 싱그러운 소리, 그 풀 향기 짙은 노래는 더 이상 들리지 않는다. 온 들이 비고 온 둑길이 침묵에 싸이고 말았다.

닭 울음

옛날 시골집에서는 닭을 키웠다. 뜰 안의 한쪽에는 으레 닭장이 있었다. 철사를 얽어서 만든, 자그마한 닭장에는 여러 마리의 닭이 한 동아리로 살았다.

닭 무리에는 거의 예외 없이 장닭이라고 하는 수탉이 있어서, 두서너 마리의 암탉을 거느리고 있게 마련이었다. 이를테면 수탉이 우두머리로서 암탉들을 곁에 두고 있었던 것이다.

'고고고! 구구구!'

집안 식구 중에서 누군가가 소리쳐 먹이를 줄라치면, 당연히 수탉이 암탉 무리를 헤집고는 가장 먼저 달려들었다. 먹기도 가장 많이 먹어댔다. 그러니 닭 무리는 가부장제 사회인 셈이다. 그런 면에서는 사자 무리와 닮았다. 이처럼 아버지가 온 식구를 거느리고 있을 때, 그를 가부장家父長이라고 한다. 한 집안의 장, 곧 제일 큰 남자 어른이 다름 아닌 가부장이다.

그래서일까, 수탉은 꽤나 거드름을 핀다. 잘난 척하고 우쭐댄다. 그리고 암탉들은 이 수령 혹은 우두머리 앞에서 굽실대게 마련이다. 하니까, 다 같이 소리 내어서 울어도 수탉의 울음소리에는 암탉이 당해내지 못했다. 암탉들은 그저 '꼬꼬꼬' 하며 일부러 소리를 죽여가며 간신히 우는 게 고작이었다. 수탉이 옆에 있으면 더 한층 그렇다. 그러니 수탉은 더 기고만장하여 울어대곤 했다.

벼슬 소스라치는 머리를 추켜들고는 날개까지 활짝 퍼덕이면서 큰 소리로 울어댔다. 그 소리가 여간 기운찬 게 아니었다. '꼬꼬댁, 꼬꼬꼬꼬!' 하고는 뜰이 떠나갈 듯이 아우성친다. 그러면서 암탉들 둘레를 세차게 맴돌기도 했다.

그 울림은 수탉의 힘과 권세를 뽐내고도 남았다. 크나큰 절규絶叫, 사내

수탉은 꽤나 거드름을 핀다. 잘난 척하고 우쭐댄다. 그러나 '계명성(鷄鳴聲)'의 시간이 되면 여간 기운차게 울어댄 게 아니었다. '꼬꼬댁, 꼬꼬꼬꼬!'

대장부의 대단한 함성喊聲, 왕자의 아우성이었으니까.

　수탉의 울음은 이른 새벽에 더욱더 우렁찼다. 집 안이 떠나갈 듯, 소스라치는 울음소리에 온 식구가 잠을 깨곤 했다. 그런 게 첫새벽 수탉의 울음이다. 그러기에 '계명축시鷄鳴丑時'란 말이 따로 있게 된 것이다. 계명鷄鳴은 닭 울음이고, 축시丑時는 '소의 시時'로 밤 한 시부터 새벽 세 시까지를 이르는 시간이다. 바로 그때 우는 수탉의 울음소리를 가로되, 계명축시라고 불렀던 것이다.

　수탉이 계명鷄鳴을 크게 울어댈 시간 — 이를테면 '계명성鷄鳴聲'이 울려 퍼질 그 시간 — 의 끝자락쯤 되면 다름 아닌 '계명성啓明星', 곧 샛별이 빛날 시간이 되었다. 사람들은 샛별의 눈부신 빛살과 어울린 수탉의 울음소리를 들으며 각자가 누리게 될 새날에도 희망이며 꿈이 깃들 것을 믿었다.

　한데 이제 그 울림은 사라지고 없다. 양계장에는 달걀을 낳는 암탉만이 가득하다. 수탉은 일찌감치 도태되고 없다. 그래서 그 우렁찬 '꼬꼬댁 꼬끼요!' 소리는 더는 들을 수 없게 되고 말았다.

황소 울음

　시골집에서는 집 안에서 소를 키웠다. 물론 소를 키우는 집은 그래도 살림이 제법 넉넉한 편이었으니, 마을 안에서도 웬만큼 살림 규모가 큰 집이라야 소를 기를 수 있었다. 그럴 때, 암소 두어 마리에 수소 한 마리가 짝지어지곤 했다. 닭과 마찬가지로 소도 수컷이 작은 무리의 우두머리 노릇을 했던 것이다.

  집 안의 큰 뜰 한쪽에는 마구간이 있었다. 마구간은 한자로 '馬廏間'이라고 쓴다. '말 마馬'에 '마구간 구廏'를 썼으니까 문자 그대로는 말을 키우는 곳, 즉 마사馬舍겠지만, 시골에서는 우사牛舍, 곧 소집도 마구간이라고 불렀다. 소도 마구간에서 목숨을 부지한 셈이다. 하지만 따로 '외양간'이란 말을 쓰기도 했다. 말을 기르는 경우에도 외양간이라는 표현을 썼지만, 아무래도 외양간은 소를 두고서 더 많이 쓰였다. '외양간두엄'이란 말도 있었는데, 이는 외양간에서 소가 눈 똥과 오줌을 발효시켜 퇴비로 만든 것을 가리키기도 했으니까 말이다.

  소는 이따금씩 들이나 산비탈의 풀밭으로 이끌려 나가 생풀을 뜯어 먹으면서 한가하게 시간을 보내기도 했다. 그것은 여간 고즈넉한 풍경이 아니었다. 전원 풍경이란 말이 절로 생각나는 장면이다. 그러나 소는 생풀만 먹은 게 아니다. 꼴이라고 하는 먹이를 따로 장만해서 먹이곤 했다. 꼴이란 짚을 잘게 썬 뒤 물과 섞어서 먹이는 소의 사철 주식인 셈이다.

  그런가 하면 '소 등에 꼴'이라는 속담이 있는데, 누군가가 무엇을 당해도 도무지 반응이 없는 것을 두고 하는 말이다. 그만큼 소는 우둔하고 미련한 것의 대명사이곤 했다. '소걸음'이라면 으레 '늑장 걸음'이란 뜻으로 풀었으니 말이다.

  기왕 말이 나온 김에 속담 풀이를 좀더 해보자. '소같이 벌어서 쥐같이 먹어라.' 이 속담은 부지런히 악착같이 일해서 돈을 벌어도 먹거나 돈을 쓰기로는 몹시 아껴야 한다는 뜻이다. 그런가 하면 '소가 짖겠다' 또는 '소가 웃겠다'는 속담도 있다. 차마 있을 수 없는 일이 생겼다는 뜻이다. 소는 짖는 일도 웃는 일도 없으니 말이다.

　한데 수소인 황소는 짖지는 않아도 이따금씩 울기는 했다. '우메, 우메!' 하고는 길게 느릿하게 우는 그 울음은 자못 한가롭고도 태평스러웠다. 들판이나 산비탈 같은 한가한 곳에서 풀을 뜯다 말고는 '움메! 움메!' 하고 느긋하게 울어댈 적에, 온 하늘과 땅에는 평화가 어리곤 했다.

　그래서 정지용은 시「향수鄕愁」에서 이렇게 읊기도 했다.

　　넓은 벌 동쪽 끝으로

　　옛이야기 지줄대는 실개천이 회돌아 나가고,

　　얼룩백이 황소가

　　해설피 금빛 게으른 울음을 우는 곳,

　　─그곳이 참하 꿈엔들 잊힐리야.

　정지용 시인은 황소 울음을 금빛이라고 표현했다. 짐승 울음 치고 그보다 더 귀한, 눈부신 울음은 있을 것 같지 않다. 하지만 이제 토종 소도 황소 울음도 시골 마을에서는 없어지고 말았다. 우유를 짜내기 위해서 외래종인 젖소가 사육되고 있을 뿐이다. 재래종인 한우가 길러지고 있다고는 해도, 그건 전문 사육장에서 대량으로 사육되어 사람들의 먹을거리로 제공되고 있는 것뿐이다.

할아버지 담뱃대 터는 소리

백여 년 전만 해도 담배의 모양은 지금과 달랐다. 영어로 '시가cigar'라는 잎담배도 없었고, 또 '시가렛cigarette'이라는 꼬치 담배도 없었다. 이름도 '담배'라고 부르지 않고, '연초煙草'라고 했다. 문자 그대로라면 그저 '연기 나는 풀'이라는 뜻이다.

연초는 밭에서 길렀다. 잎이 다 자라서 맛이 들면 베어서는 잘게 썰어 피웠다. 그야말로 '풀 담배'인 셈이다. 그래서는 할아버지들은 담뱃대에 연초를 담아 피웠다. 담뱃대 앞에는 쇠로 만든 둥글고 우뚝한 꼭지 머리가 있고, 뒤에는 빨대 모양의 꽁지가 붙어 있었는데, 가운데 대나무로 된 대롱을 빼면 꽁지 부분 역시 쇠붙이로 만들어졌다.

꼭지머리에 담배를 담은 뒤에 불을 붙이고는 꽁지의 빨대로 빤다. 큰 숨을 들이켜면서 빨대를 빨아서는 담배 연기를 입안으로, 목 안으로 들이마신다. 그러고는 들이켰던 연기를 내뿜는다. 입에서 코에서 모락모락 연기가 피어나면 할아버지의 흰 수염과 잘 어울려 보였다. 그래서도 긴 담뱃대로는 담배를 피운다기보다는 들이마신다는 표현이 걸맞을 것 같다.

그렇게 몇 모금 빨고 들이켜고 나면 담뱃대 꼭지 머리에는 다 태운 연초 찌꺼기가 엉겨 있게 마련이었다. 그걸 재떨이에다 대고 털게 되어 있었다. 동그란 재떨이는 대개 나무로 만들었는데, 비교적 널찍하게 패인 바닥 가운데에는 혹 같은 게 오똑하게 박혀 있곤 했다. 그것에다 대놓고는 담뱃대 머리를 두들기면 담배 털이가 되었다. 그럴 때, '토닥토닥!' 하는 소리가 일었다. 그게 바로 담뱃대 터는 소리다.

'토닥토닥!'

담뱃대 꼭지 머리에는 다 태운 연초 찌꺼기가 엉기게 마련이다. 그걸 재떨이에다 대고
'토닥토닥' 털었다. 사랑채에서는 담뱃대 터는 소리가 끊이질 않았다.

젊은 사람들의 짧은 담뱃대는 피우다 만 찌꺼기를 재떨이에 털고 자시고 할 것도 없었다. 담뱃대 머리를 아래로 향하게 하고는 대를 손바닥에 몇 번 치면 그걸로 그만이었다. 그러나 유독 할아버지들의 담뱃대는 그렇게 하지 않았다. 워낙 대가 길다 보니 그렇게 간편하게 털어서는 안 되었다. 그래서는 할아버지들은 재떨이에다 대놓고는 담뱃대를 털어야 했다. 한데, 오래 피운 담뱃대에는 타다 남은 담배 찌꺼기가 누룽지처럼 눌어붙을 수밖에 없어서 이제 막 피우다 만 찌꺼기와 엉겨 붙게 마련이었다. 그래서도 할아버지들 담뱃대 터는 소리는 우렁찼던 것이다.

어쩌다 화가 나거나 기분이 언짢은 경우, 담뱃대 터는 소리는 더 한층 요란했다. 무슨 나뭇등걸을 몽둥이로 두들기는 것처럼 들리기도 했다. '탁, 탁!' 담뱃대 털이는 화풀이가 되기도 했다. 그렇게 할아버지 계시는 사랑채에서는 담뱃대 터는 소리가 끊이질 않았다. 하지만 이젠 사랑채도 따로 없고, 담뱃대 터는 소리도 끊긴 지 오래되고 말았다.

할머니 군소리

순우리말로 '군' 자가 앞머리에 붙어서 뜻이 좋은 낱말은 없다. '군더더기'가 그 대표다. '군덕지'라고 해도 마찬가지다. 필요 없는 것, 쓸모없는 것, 그래서는 있어서 오히려 성가시고 귀찮은 게 다름 아닌 군더더기요 군덕지다. 이 두 가지 말은 '군것' 또는 '군것지'라고 바꾸어놓아도 그만이다.

비슷한 보기는 하고많다. '군글자'라면 쓸데없이 덧붙여진 글자. '군눈 뜨다'고 하면 아니해도 될 일이나 쓸모없는 것에 눈을 돌리고 관심을 두고 하는 것을 의미한다. '군식구'라면 남의 집 식구인데도 한 집안에 머물고 있는 사람을 가리킨다. 더부살이하는 사람인 셈인데, 이 군식구는 '군입'이라고도 불렀다. '군계집'이라면 어떤 사내가 아내 아닌 다른 여자에게 군마음 먹고 있을 때 썼던 말이다. 또 '군돈'이라면 몇 푼 안 되는 푼돈을 가리키는 말이다.

군 자 붙은 말은 모두 이 지경 이 꼴이다. 그러자니 '군말'도 좋을 턱이 없다. 아니해도 될 말, 쓸데없이 하는 말, 그런 게 군말이다. 말의 군것이고 군덕지다. 잡소리라고 해도 의미는 비슷할 것이다.

한데 군말과 사촌쯤 될 말에 '군소리'가 있다. 해도 그만 안 해도 그만인 말을 주절대고 투덜대는 게 다름 아닌 군소리다. 심지어는 무슨 뜻인지도 모를 말을 중얼대는 소리를 군소리라고 불렀다.

나이 많이 든 할머니가 혼자 우두커니 앉아서는 군소리를 할 때가 있다. 아니, 제법 자주 있다. 옆에 굳이 말상대가 있는 것도 아닌데, 누구도 들어줄 사람이 없는데도, 혼잣말로 군소리를 하곤 한다. 그건 구시렁대는 소리라고도 한다. 구시렁구시렁, 혼자서 입놀림하는 소리, 그게 군소리다. 누가 들으라는 게 아니다. 자기 마음에 겨워서 문득문득 소리 내는 말이다.

할머니들은 왜 그럴까? 마음에 사무치는 게 많은데도 그걸 표현하지 못해서, 그 마음먹은 것을 이룩하지 못해서 혼자 속에 가두어두어야 해서, 그래서도 혼자서 군소리를 하게 된다. 게다가 말상대도 만만치 않아서 더 그렇게 된다. 마음을 털어놓을 상대도 속내를 풀어놓을 상대도 마땅치 않으니 군소리를 하게 되는 것이다.

가부장제인 시대를 평생 살아오는 동안 아녀자들에겐 마음에 쌓이고 괸 게 많을 수밖에 없을 터. 더덕더덕 마음에 군덕지가 껴 있게 마련이었다. 거기에는 불만과 불안, 그리고 한이며 원한도 엉겼을 것이다. 마음의 상처가

나이 많이 든 할머니들은 우두커니 앉아 군소리를 할 때가 많았다. 그건 가슴의 아픔이고, 서러움이고, 애달픔이기도 했을 것이다.

웅크리고 있기도 했을 것이다. 그걸 남들에게가 아니고 스스로에게 털어놓기 위해서 할머니들은 군소리를 했던 것이다. 그건 가슴의 아픔이고 서러움이다. 애달픔이기도 할 것이다. 그래서 혼자 중얼대는 할머니의 군소리는 '군인생'의 소리고, '군목숨'의 소리였던 것일까?

한 집 안의 안채나 안방 앞의 마루에, 햇살이라도 바른 늦가을쯤에, 거기 혼자 우두커니 무릎 괴고 앉아서는 중얼대던 할머니의 군소리. 그 호젓한 소리를 우연히라도 듣게 된다면, 식구들은 문득 달려가서는 할머니의 등이라도 다독거려드리고 싶어진다. 그럴 때, 햇살에 부스러지곤 하던 할머니의 군소리, 이제 저만큼에서라도 들려오지 않는다. 할아버지 할머니를 따로 두고 살다 보니 그럴 수가 없게 된 것이다.

냄새들

깨, 콩 볶는 냄새

볶는다는 것은 불김에 올리거나 쬐어서 먹기 좋고 맛나게 익히는 것을 의미한다. 깨를 볶고 콩을 볶고 하는 것이 대표적이다.

물론 나쁜 뜻으로 '볶는다'는 말이 쓰이기도 한다. '볶아친다' '볶아댄다' 또는 '들볶는다'고 하면 뜻은 한결같이 흉악하다. 옛날에 시어미가 며느리를 볶아댄다고 하면 못살게 굴고 못되게 군다는 뜻이었다. 그러니 볶인 며느리는 불에 그슬린 콩 신세가 되고 만다. 그러나 사람이 살다 보면 남에게만 들볶이는 것도 아니다. 힘겹고 바쁜 일에도 달달 볶일 수 있기 때문이다. 그래서는 속이 볶이고 마음이 볶이기도 하는 것이다.

그러나 그런 나쁜 뜻보다도, 한국인은 음식 맛을 내기 위해서 볶고, 곡식 맛을 돋우기 위해서 볶아댔다. 이 경우, 볶는 일은 맛 내기다. 먹을거리를 구수하게 맛보도록 하려고 사람은, 특히나 여인네는 볶기를 했다.

쌀이며 밀, 보리도 아궁이의 가마솥에다 볶았다. 볶은 낟알을 갈아서 미숫가루로 만든 뒤 냠냠 입맛을 즐겼다. 그런가 하면 쌀이고 보리고 밀이고 간에 볶은 그대로 군것질거리로 그냥 먹기도 했다. 그래서 뭐든 '볶아 먹자'는 얘기는 맛나게 즐기자는 것을 의미했다. 사람을 볶아서는 안 되지만, 곡식 낟알은 볶아야 했다. 밥도 볶음밥이면 맨밥 저리 가라고 입맛 돋우게 마련이니까.

먹을거리를 볶으면 그게 무엇이든 구수한 냄새부터 코를 찌르고 들었다. 그러면 입맛이 뭉실뭉실 돋았다.

그중에도 볶기의 으뜸은 아무래도 콩 볶기나 깨 볶기가 아닐 수 없다.

볶세 볶세
콩을 볶세

맛나게 볶세
신나게 볶세

대글대글 볶아라
이글이글 볶아라

고소 구수 볶세
맛나게 볶세
신나게 볶세

곡식을 볶으면 고소하고 저절로 구수하기 마련이니 이런 '흥타령'도 절로 소리칠 만했다. 콩 볶는 냄새도 구수했지만 깨 볶는 냄새를 당할 수는 없었으니, 코에 서리면 코가 절로 벌름대고 두 콧구멍이 함께 벙긋댔다.

콩은 흔히 가마솥에 볶지만 깨는 대개 냄비나 작은 솥에 볶았다. 귀한 곡식이다 보니 부피나 양으로는 콩을 당할 수 없었지만 볶일 때의 냄새며 향은 단연 깨가 우세했다. 온 부엌이 깨 볶는 향으로 설레면 몸도 마음도 덩달아서 향에 묻히곤 했다. 그 고소한 냄새가 그립다!

술 익는 냄새

막걸리란, 이제 막 걸러내어서 막걸리일까, 아니면 마구 걸러내어서 막걸리일까? 양쪽 모두에 걸려 있을 것 같다. 하지만 또 다른 뜻이 있을 것 같기도 하다. 막바지의 '막'은 '더 갈 데 없는 마지막 고비'란 뜻이다. '요긴하고 중요한 대목'이란 뜻도 거기 담겨 있다. 이 경우의 '막'은 '막달'의 막과도 뜻이 통해 있다. 아기를 가진 여성이 열 달을 채우고 이제 머지않아서 아기를 낳게 되는 달이 막달이기 때문이다. 또 '막둥이'라고 하면 막내 꼬마를 가리키는데, 이때의 '막'은 귀엽고 앙증맞다. 이런 그럴싸한 여러 가지 뜻이 막걸리의 '막'에 걸려 있을 것도 같다.

그야 어떻든 간에 막걸리는 지난날뿐 아니라 오늘날에도 한국인의 사랑을 받고 있는 술이다.

44 지난날, 막걸리는 집에서 손수 담갔다. 그것은 집안의 술이고 집의 술이

술이 익기 시작하면 보글보글 거품을 내며 끓
는다. 그럴 즈음이면 술 익는 향내가 온 방
안에 가득 번진다.

었다. 막걸리를 '가양주家釀酒'라고도 하는 것은 그 때문이다. 명절을 맞게
되거나 제사가 들면 주부는 막걸리를 빚었다. 우선 쪄낸 쌀을 독에 담는다.
거기에 누룩을 끼얹어서는 고루 저어 쌀과 누룩이 섞이게 한다. 그리고 알
맞게 물을 부으면 일단 술이 앉혀진다. 그런 뒤엔 잘 발효되기를 기다린다.
술이 익기 시작하면 보글보글 거품을 내며 끓는다. 그럴 즈음이면 술 익는
향내가 온 방 안에 가득 번진다.

그러고 나면, 이제 남은 일은 술을 거르는 일밖에 없다. 바로 그럴 때,
아이들이 먼저 술맛을 보자고 덤비곤 했다. 물론 그렇다고 술을 마신 것은
아니다. 보글대는 술독의 윗부분에 손가락을 넣어서는 휘젓고, 그 손가락을
날름 입에 넣었을 뿐이다.

고작 그 정도다. 한데도 온 입안에 달콤 고소한 맛이 번지면 꼬마 술주정

요즘의 막걸리는 모두 양조장에서 만들어 병
에 담아 파는 상품이다. 그러니 옛날의 아이
들처럼 주도가 끼어들 틈이 없다.

꾼은 혀를 날름거리기도 했다. 조금은 어지럼을 타면서 기분이 좋아졌다.
이런 방법, 이전 시대 이 땅의 꼬맹이가 술을 먹는 방법은, 곧 인생 최초의
주도酒道인 셈이었다. 그짓을 즐겨 하는 꼬맹이에게는 특별히 이름을 지어
서 붙여줄 만했는데, 술 주酒에 아이 동童을 붙여서 '주동酒童'이라고 불렀던
것이다.

　하지만 꼬마의 주도가 이것으로 끝났던 건 아니다. '재강'이라고 하는 '술
찌끼'를 먹는 재미가 남았던 것이다. 아이들은 막걸리를 거르고 남은 재강에
설탕을 타서는 야금야금 과자 먹듯이 했다. 설탕에 절인 재강은 당연히 달
콤 얼큰했다. 그러자니 그걸 먹은 꼬맹이는 술기운도 오르게 마련이었다.

약간의 술기운에 젖어 낮잠이라도 들었다가 꾸는 꿈은 주동을 천당에 데려 다주기도 했다.

요즘의 막걸리는 모두 양조장에서 만들어 병에 담아 파는 상품이다. 그러니 옛날의 아이들처럼 주도가 끼어들 틈이 없다. 막걸리는 오직 어른들만의 술이 되고 말았다. 아이들의 정겨운 먹을거리 하나가 사라진 셈이다.

누룽지, 숭늉

요즘 사람들은 식사 뒤에 무엇을 마실까? 잡아뗄 것도 없이 녹차며 홍차, 그리고 커피 따위의 차가 판을 치는 모양이다. 비록 끼니는 전통적인 한국의 그것과 다를 바 없겠지만, 마시는 것만은 그야말로 서구화되고 만 게 아닌지 모르겠다. 그만큼 입도 혀도 서구화되고 있는 것만 같다. 시대가 달라지면 입맛도 덩달아 달라질 테지만, 그러다 보니 입이며 혀까지도 옛날 같지는 않게 된 것이다. 아쉽지만 그렇게 되고 말았다.

하지만 두어 세대 전만 해도 그렇지는 않았다. 식사를 마친 뒤뿐 아니라 군입거리라도 먹고 나면 으레 숭늉부터 마시곤 했던 것이다. 그것은 필수였다. 반드시 누구나, 어른 아이 할 것 없이 모든 식구가 숭늉을 마셨다.

'꿀꺽! 꿀꺽!' 속 시원히, 후련하게 마셔댔다.

대접에 또는 밥을 비운 밥그릇에 가득 담아 마시는 숭늉, 그 고소한 맛이라니! 그걸로 해서 끼니마다 성찬盛饌이 되었다.

물론 그 옛날의 숭늉은 요즘 어쩌다 마시는 숭늉과는 많이 달랐다. 요즘도 밥을 비운 밥솥에 물을 부어 숭늉을 만들어 먹곤 하지만, 옛날에는 그렇

누룽지는 그냥 먹고 즐기기도 했지만, 물을 부어 숭늉으로 마시는 것이 제격이었다. 그 고소한 맛이라니! 그걸로 해서 끼니마다 성찬이 되었다.

지 않았다. 요즘 숭늉은 맹물 숭늉이지만, 옛날 숭늉은 누룽지 숭늉이었던 것이다.

누룽지! 듣기만 해도 입맛이 돋는다. 온 입안이, 아니 목 안까지 고소해진다.

'눌은밥'이라고도 하는 누룽지는 솥바닥에 눌어붙은 밥이다. 어떻게 보면 솥바닥에 타다 남은 밥이라고 해도 틀린 말은 아니다. 그것은 누르스름해서 보기부터 구수했다. 솥바닥이 조금 타는 통에 약간의 검은 빛이 돌기도 했지만, 그럴수록 누룽지는 더 한층 입맛을 돋우었다.

48

가마솥에 누룽지

달달 긁어서

네가 먹고

내가 먹자.

솥에서 긁어낸 누룽지는 그대로 먹기도 했다. 오돌오돌하고 고소한 게 여간 별미가 아니었으니까. 과자가 귀했던 시절에 애들 군것질거리로는 아주 그만이었다. 최고였다. 아싹 아싹! 씹히는 그 맛은 고소함과 잘도 어울렸다.

이렇듯 누룽지는 그냥 먹고 즐기기도 했지만, 그보다는 물을 부어 숭늉으로 마시는 것이 제격이었다. 그래야만 입안이 가셔지고, 더불어 밥 잘 먹었다는 느낌이 우러나는 것이다.

하지만 이제 전기밥솥에는 누룽지가 눌어붙지 않는다. 그 비슷한 것도 생기지 않는다. 그러니 요즘의 식사는 밥은 먹어도 누룽지와 숭늉을 먹을 턱이 없다. 그 고소함은 이제 어디 가서 찾을 수 있을까? 생각만 해도 입안이 텁텁해지는 것 같다.

삼삼한 정경들

처마 끝 고드름

고들고들, 고드름
고드름 얼면
하늘도 언다.

고들고들, 고드름
고드름 맺히면
하늘도 겨울이 맺힌다.

처마 끝에 고드름이 매달린다. 처마 끝 따라서 줄줄이 매달린 작은 얼음 기둥이 눈부시다. 한자로는 빙주氷柱, 이를테면 '얼음 기둥'이라고 하는 것.

동그스름한 작은 얼음 작대기 끝자락이 뾰족하다. 금방이라도 달랑대면서 떨어질 것 같은 모양새.

하얀 얼음 기둥, 집 처마에 달리는 고드름은 보통 한 뼘 정도의 길이다. 길어 보았자 두 뼘을 넘지는 않는다. 그렇게 처마 끝에 매달린 얼음 기둥, 그게 고드름이다. 무슨 유리 가닥처럼 보이기도 했고, 거기 햇살이 어리면 투명한 빛살을 내뿜기도 했다. 그래서도 처마 끝까지 내려앉은 먼 하늘의 푸르름마저도 차갑고 시리게 느껴지게 만들었다.

고드름은 으레 청마루나 여느 마루에 앉아서 보게 된다. 편하게, 한가하게 앉아서 바라보는 처마 끝, 거기 고드름이 매달려 있게 마련이었다. 더러는 주렁주렁, 더러는 옹기종기 무리를 지어서.

고드름은 낙숫물이 얼어붙어서 된 것이다. 짚 지붕이든 양철 지붕이든, 아니면 기와지붕이든, 비가 오는 때면 그 처마 끝으로 주룩주룩 빗물이 쏟아지게 마련. 그게 이른바, 낙숫물이다. 그리고 같은 낙숫물이라도 짚 지붕의 처마 끝에서 떨어지는 것이 단연 으뜸이었다. 짚을 타고 내릴 때, 빗물은 기와지붕에서나 양철 지붕에서처럼 와락와락, 사나움을 떨지 않는다. 고분고분, 빗물은 짚대를 타고는 줄을 서다시피 한다. 그러고는 처마 끝에 몰려서는 차례차례 아래로 떨어져 내린다.

짚 지붕의 짚대들은 스스로 부풀어 오르면서 빗물을 흠씬 머금는다. 빗물은 비 멎은 뒤에까지 한참 동안 차근차근 처마 끝으로 해서 방울방울 아래로 쏟아진다. 이런 낙숫물 떨어지는 정경과 낙숫물 떨어지는 소리! 그것에 취해서 옛사람들은 그림 보듯이 혹은 시 읊듯이 여름 나기를 할 수 있었다.

그런 낙숫물이 겨울에 얼어붙으면 그만 고드름이 된다. 낙숫물이 여름날 장마철의 정서라면, 고드름은 이 땅의 겨울 삼동三冬의 정서를 대표하게 된

짚 지붕의 누르스름한 처마 끝에 하얗게 얼어
붙은 고드름이 차가워서 더더욱 푸른 겨울 하
늘빛과 어울리면, 마루 끝에서 지켜보는 눈빛
은 사뭇 영롱해지곤 했다.

다. 그래 보아야 결빙結氷이요, 얼음 얼기지만.

한낮에 내리던 눈은 양지 바른 지붕에서 시나브로 녹는다. 그래서는 우
선은 낙숫물이 되어서 처마 끝에 어린다. 그러다가 해 질 녘, 날씨가 차가워
지면 그만 고드름으로 얼고 마는 것이다. 그걸 바라보면서 사람들은 마루
끝에서 저무는 겨울의 정조에 흠씬 젖어들 수 있었다.

한데 이제 고드름은 마루 끝에 앉아서는 볼 수 없게 되었다. 지구온난화
때문에 얼 새도 없이 모두 녹아버린 걸까? 그런 게 아니라, 아파트에는 지
붕도 없고 처마도 없으니, 고드름도 가고 없는 것이다.

고들고들 고드름, 가고 없는 고드름.
이제 우리는 옛정에 젖어서는 그렇게 웅얼대야 하는 걸까?

처마 밑 제비집

어떻게 된 걸까? 세월이 잘못 돌아가고 있는 걸까? 도시에서는 물론이고 시골에서도 제비가 줄어들고 있다. 도시에선 제철에도 아예 보기 어렵고, 농어촌에서 마저도 그 수가 적어지고 말았다.

제비 날지 않는 여름 하늘! 한 세대 전만 해도 그건 상상도 할 수 없는 일이었다. 한국의 한여름 하늘은 제비 날갯짓으로 설레곤 했었으니까. 그러기에 소리꾼 장사익은 「강남 아리랑」에서,

강남 갔던 제비가 돌아오면은
이 땅에도 또다시 봄이 온다네.

라고 노래했던 것이다. 제비 따라서 이 땅에 봄이 찾아들고 여름이 깃들곤 했으니 말이다.

정답던 얘기 가슴에 가득하고
푸르른 저 별빛도 외로워라.
사랑했기에 멀리 떠난 님은
언제나 모습 꿈속에 있네.

제비는 진흙을 물어다가 지푸라기와 섞어 처
마 밑에 둥지를 만들어 붙였다. 옛날 사람들
은 제비가 찾아드는 집에는 복이 깃들고, 거
기엔 착하고 어진 사람들이 산다고 믿었다.

먹구름 울고 잔 서리 친다 해도

바람 따라 제비 돌아오는 날

고운 눈망울 깊이 간직한 채

당신의 마음 품으렵니다.

조영남의 이 노래 「제비」에서는 제비로 해서 님을 마음에 품게 된다. 제비가 돌아오면 떠난 님도 돌아올 거란 희망을 품고 있다. 그래서들 옛날부터 제비 찾아드는 집에는 복이 깃들고, 착하고 어진 사람들이 산다고 했다. 흉측한 사람 집에는 제비가 얼씬거리지 않는다고 했다. 그래서 꽃 피는 봄을 물고 오는 제비는 복도 함께 물고 올 거라 생각해 길조吉鳥라고 여겼다.

그 옛날 제비는 으레 사람 사는 집의 처마 밑에 둥지를 틀었다. 진흙을 물어다가 지푸라기와 섞어 동그마하게 뭉쳐서는 둥지를 만들어 붙였다. 보통은 한두 개지만, 많을 땐 네다섯 넘어 열 개 가까이 둥지가 지어지기도 했다.

'지지배배 지지배배!' 하고 귀여운 소리 울면서 제비들은 둥지를 드나들었다.

한데 거기서 더러는 끔찍한 일이 벌어지기도 했다. 구렁이가 처마를 타고 돌면서 제비 알을 훔쳐 먹었던 것이다. 기다랗고 흉하게 생긴 구렁이는 보는 사람의 간이 다 떨릴 지경이었다. 그러니 알을 도둑맞는 제비는 여간 소란을 떤 게 아니다. '지지배배!' 소리가 '찌찌빼빼!' 소리로 들릴 만큼 요란을 떨어댔다. 그러면 집주인은 더러 긴 작대기로 이 흉측한 악마를 내몰아서는 제비들을 지켜주기도 했다. 모처럼 제비로 해서 들어온 복이, 그리고 좋은 운수를 뱀에게 도둑맞을 수 없었던 것이다.

그래서인데, 제비에 관한 전설이 전해져 있다.

옛날 옛날 그 옛날, 한 아주머니가 제비를 잡아서 구워 먹었다. 그러고는 바로 이 아주머니는 배를 타게 되었다. 그런데 나룻배가 깊은 바다로 나갔을 때 그만 큰 변이 생겼다. 문득 된바람이 불고 파도가 크게 치기 시작했던 것이다. 바람에 사납게 흔들리면서 배는 앞으로 나아가지 못했다. 그리고 문득 큰 용이 나타나서는 배를 통째로 삼킬 듯이 큰 입을 벌리며 으르렁댔다.

뱃사공은 문득 제비를 죽인 사람이 틀림없이 배에 탔으리라고 여겼다.

"누구 배 타기 전에 집에서 제비 죽인 사람 없소?"

무서움에 떨고 있던 아주머니가 혹 무슨 수라도 있을까 봐, 자청하고 나섰다. 사공은 아주머니에게 지금 당장 제비에게 잘못을 빌라고 했다. 그러자 아주머니가 울면서 급히 큰절을 올렸다.

"제비님, 제가 지은 죄를 어떻게든 갚을 테니 용서해주십시오!"

그렇게 빌고 또 빌었다. 배 안의 모든 사람이 함께 빌었다. 그랬더니 문득 바람이 자고 파도도 가라앉았다.

옛날, 집 처마 밑에 틀어져 있던 제비 둥지에는 이 같은 전설이 전해져 내려오고 있다. 그래서도 사람들은 처마 밑에 자리 잡은 제비집을 신주 모시듯 했던 것이다. 그러니 착한 사람에겐 복이 찾아들게 하고 나쁜 사람에겐 앙화殃禍가 미치게 하는 것이 다름 아닌 제비였다. 사람 하기 나름으로 행운의 천사가 되는가 하면 악운을 덮씌우는 무서운 힘이 되기도 했던 것이다.

그것은 『흥부전』에도 너무나 잘 나타나 있다. 꺾인 다리를 공 들여서 낫게 해준 착한 흥부에게 재물과 돈이 쏟아지는 박을 선물했던 게 다름 아닌 제비였던 것이다. 한데 그걸 본 형인 놀부가 짐짓 제비를 잡아서 다리를 부러뜨리고는 꿰매어서 고쳐주었다가 앙갚음을 당해도 여간 당한 게 아니다.

　인간이 인간으로서 지킬 도덕을 누구보다도 잘 갈무리한 게 제비다. 그래서도 '제비초리'라면 무엇이든 날쌘 것을, '제비부리'라면 무엇이든 뾰족한 것을 의미하는 식으로 사람들은 사람들의 행색과 마음의 모습을 제비에게 견주어온 것이다. 그런 제비가 줄어든 지금 세상, 인간 마음 붙일 곳 하나를, 그 귀중한 것 하나를 우리는 잃어가고 있다.

사라져가는 풍습들

사는 게 뭘까?
그 모습, 그 치레는?
세월 달라지면 세상 달라지고
세상 달라지면 사람들 삶의 모습도
변하기 마련.
이래라가 저래라가 되고
저것이 이것이 되기도 하는 것.
그런 삶의 모습을 풍습이라 했던가?
십 년이면 강산도 변한다고 했으니
이제 달라지고 놓쳐버린,
그 정겨운 풍습들
눈에 맺혀 되돌아보게 만드는 것은
어슬 기운이던가?

까치야, 묵은 이는 네가 가지고 내겐 새 이 다오

또 까치가 얘깃거리가 되었다. 여기서는 애기 이빨과 얽힌 이야기이다.

대여섯 살 먹은 애기는 앞니가 잘 빠진다. 두세 개씩 이가 빠져나간 채로 여기저기 비어 있는 잇몸일 때가 많다. 그런 꼴을 볼라치면 경상도에서는 이런 놀림감을 당하곤 했다.

앞니 빠진 개우지, 얼레리 꼴레리!

하고 놀려대는가 하면, 한술 더 떠서는,

앞니 빠진 개우지

옛날에는 앞니가 두세 개 빠진 채로 입 벌리
고 으르렁대면 우물가의 어린 붕어 새끼들이
놀랄지도 모른다고들 생각했다.

우물가에 가지 마라

붕어 새끼 놀란다.

하는 노래로 골려먹기도 했다.

　'개오지' 또는 '개우지'는 경상도 말인데, 기호지방 말로는 '개호지'가 된
다. 이 말은 '애기 호랑이'를 가리킨다. 앞니가 두세 개 빠진 채로 입 벌리고
으르렁대면, 우습기도 하지만 달리 보면 조금은 무섭기도 하다. 그래서 앞
니 빠진 개우지가 꼬마 호랑이에 견주어진 것이리라 짐작된다.

　그런 개우지 보고는 우물가에도 가지 말라고 했다. 붕어 새끼가 놀란다
는 것이다. 개우지가 아무리 기 쓰고 으르렁대어 보았자, 겁먹을 상대는 없
다시피 할 것이다. 그렇지만 그게 조금은 무서운 꼴이기도 해서 어린 붕어
새끼라면 놀랄지도 모른다고들 생각한 것 같다. 그것은 익살이다 .

62　　한데 개우지 앞니가 빠지면, 옛날엔 그걸 그냥 아무 데나 버리지 않았다.

아이의 어머니가 훌쩍 지붕 위로 던져 올리며 소원을 빌었던 것이다.

실에 꿰어서 뽑아낸 이를 높이 훌쩍 내던지면서, 아이의 어머니는 이렇게 외쳤다.

"까치야, 까치야, 헌 이 줄게, 새 이 다오!"

그런데, 새 이를 달라고 비는 것까진 좋은데, 왜 하필 까치에게 빌었을까? 까치가 아무리 재주가 좋아도 치과 의사 노릇을 할 수는 없을 텐데 말이다. 그것은 까치가 사람들에게 복을 물어다 주고 행운도 물어다 준다고들 믿었기 때문이다.

바로 그것이다. 더는 아무 짝에도 소용이 없을, 그래서 내다 버리기 고작인 헌 이를 받아가는 보답으로 새로운 이를 선물하는 착한둥이가 까치라고 믿어진 것이다.

한데 오늘날 개오지의 빠진 헌 이빨은 어떻게들 처리하고 있을까? 치과 병원의 쓰레기통에 내버려지게 마련일 텐데…… 자! 그러니 이젠 새 이를 누가 가져다 줄까? 궁금하다!

묵은세배와 까치설날

세배歲拜라면 새해 아침, 그러니까 설날 아침에 어른에게 큰절을 올리는 것이다. 그런데도 예전엔 '묵은세배'라는 것이 있었으니, 그게 뭘까? 어떻게 된 영문일까?

묵은세배라면 '해묵은 세배'라는 뜻이다. 진작 했어야 할 걸 일 년 내내 묵혀두었다가 새삼스레 하게 되는 세배다. 한데, 왜 그 낡은 세배를 새삼스레 했던 걸까?

　새해 새 아침엔 당연히 집안 어른을 비롯해 이웃 어른께도 세배를 드려야 한다. 그 풍속은 에누리 없이 지켜졌다. 한데 바깥나들이를 오래 나가 있었거나 몸이 아팠거나 해서 새해 새 아침에 세배를 못 드리고 설을 넘기는 경우가 있다. 그래서는 일 년 내내 스스로를 죄 지은 사람처럼 생각하다가 그 죄를 씻게 되는 것이 다름 아닌 묵은세배였다. 그것도 하필 섣달 그믐날을 골라서 묵은세배를 올렸다. 섣달그믐이면 음력으로 12월의 마지막 날이니, 그날 일 년 동안 묵혔던 마음의 빚을 갚고 한 해를 넘겼던 셈이다.

　한데, 어른들의 묵은 설날은 아이들에게는 까치설날이었다.

　　까치 까치 설날은 어저께고요,
　　우리 우리 설날은 오늘이래요.
　　곱고 고운 댕기도 내가 들이고,
　　새로 사온 신발도 내가 신어요.

　이런 「까치까치 설날」 노래가 있듯이 까치설날은 아이들의 설날로서 고까옷인 설빔을 해 입고는 뽐냈던 날이다. 지방에 따라서는 '묵은 설'이라고 부르거나 '작은설'이라고도 한 그 명절은 이젠 아무도 챙기지 않는다. 세월이 바뀌고 풍속도 달라진 것이다. 그러니 겨울 하늘을 날고 있는 까치에게 빌 것도 없어진 것이다.

세이레와 백일

아기가 태어나면 일 년 사이에 세 번에 걸쳐 통과의례가 치러졌다. '세이레'와 '백일'과 '첫돌'이 그것이다. 이 경우, '통과의례'라는 것은 '인생살이의 중요한 고비, 위험스런 고비를 잘 넘기고 통과하기 위해서 치러지는 예식'이란 뜻이다.

갓 태어난 아기가 최초로 맞는 으뜸으로 중요한 고비는 세이레다. 이 경우의 이레란 한 주일, 곧 칠 일째 되는 날을 의미한다. 그 이레를 첫이레, 둘째 이레를 거쳐 세 번째 이레를 맞게 되는데, 세이레는 특별히 강조되고 또 별다르게 중요시된 날이었다. 물론 첫이레와 둘째 이레라는 고비에도 당연히 고사를 지내고 넘어가게 마련이었지만.

세이레가 되면 경상도 사람들은 떡과 미역국을 위주로 한 고사상을 차려서는 '제왕님'이라고 부르는 '산신産神'에게 특별한 제사를 바쳤다. 이 경우의 산신이란 '아기의 탄생을 맡고 있는 신'을 뜻한다. 물론 그 다음에도 네 이레, 다섯 이레, 여섯 이레를 비교적 소규모로 치르고 나서, '일곱 이레'는 상대적으로 규모가 큰 행사를 치르곤 했다.

그러다가 아기가 태어난 지 꼬박 백 일째 되는 날에 '백일상'을 받았다. 이것은 집안의 작은 잔치라고 해도 좋을 만큼 온 가족이 모여 푸짐한 고사 상차림을 하고는 아기의 건강과 장수를 빌었다.

그리고, 드디어 아기가 태어난 지 일 년이 되는 날에 '돌잔치'가 벌어졌다. 그 구실과 목적은 세이레며 백일과 같으나, 규모는 아주 딴판으로 크게 치러지게 마련이었다.

아기의 통과의례에서 우리들은 1, 3, 7, 그리고 100이란 숫자에 유념하게 된다. 1, 3, 7은 말할 것도 없이 모두 홀수, 곧 기수奇數다. 인류학의 지식을 빌리자면 기수는 성수聖數, 곧 거룩한 수다. 이에 비해서 우수偶數인 짝수는 속수俗數, 곧 속된 숫자로 간주되곤 했다. 아기들의 첫이레와 세이레가 중요시된 것은 바로 이 때문이다.

한데 100은 그 자체로는 우수이지만, 백일은 아기에게 백 단위의 첫날이므로 1이나 마찬가지가 된다. 그래서도 백일에는 고사를 치르곤 했던 것인데, 이는 또 다른 시각으로 따져볼 수도 있다. 백은 순우리말로는 '온'이다. 그것은 '온 나라'라든지 '온 세상'이라고들 하는 말에서도 헤아려볼 수 있듯이 전체이고 전부이고 완전한 수가 다름 아닌 '온'이고 '백'이었던 것이다

이런 거룩한 숫자의 날을 골라서 우리는 세이레, 백일, 돌을 치러왔다. 그것은 다름 아니라, 삶을 뜻깊고 보람차게 겪어가자는 뜻을 담고 있는 행사들이었다. 중요한 고비마다 삶을, 그리고 목숨을 알뜰하게 지켜나가자고 든 것이다. 삶에 그리고 인생살이에 그 뜻이며 구실의 높고 낮음이 있게 마련이라서, 높음에 당해서는 한층 더 마음 써서 삶을, 그리고 목숨을 관리하자고 든 것이다.

하지만 우리들의 살림살이에서 저들 숫자의 의미와 구실은 대부분 사라지고 말았다. 숫자는 모두 그렇고 그런 같은 숫자가 되고 말았다. 물론 오늘날도 1, 3, 7, 100, 네 가지 숫자는 쓰이고 있지만, 그 속내며 뜻은 세이레, 백일, 돌에서와는 영영 달라진 것이 되고 말았다.

세배꾼과 세뱃돈 타러 다니는 길

세배는 한자로 '歲拜'라고 쓴다. '歲'는 여러 가지로 읽는다. '나이 세'라고 읽는가 하면, '해 세'라고도 읽는다. 뒤의 것은 올해, 다음 해라고 부를 때의 그런 해를 의미한다. 연年과 별로 다르지 않다. 그런가 하면 '歲'는 그 자체로 설을 의미하기도 한다. 그래서 세배는 새해를 맞아서 집안이며 이웃의 어른들에게 올리는 경배敬拜, 곧 절을 의미한다. 설날에 하는 절은 절 중에서도 아주 큰절이다.

설날 아침이 되면 나이가 어리거나 젊은 축이 나이가 많은 어른들께 세배를 올리게 되어 있다. 절을 받은 어른들은 절하는 젊은 축에게,

"새해는 복 많이 받거라."

"올해는 소원 성취하거라."

"금년에는 장가들기 바라네."

같은 축하의 말을 건네게 된다.

한데 세배하는 축이 꼬맹이일 때는 으레 복 받으란 말에 얹어서 어른들이 약간의 돈을 주곤 했다. 그게 '세뱃돈'이다.

설날이 되면 아이들은 세뱃돈 타는 재미에 집안 어른은 말할 것도 없고, 이웃의 어른에게도 세배를 다니는 '세배꾼'이 되었다. 그저 동전 한두 푼이어도 아이들로서는 그게 여간 즐거운 게 아니었다. 그래서 아이들은 마을 안을 누비고 다녔다. '설빔'이라고 설날의 고까옷을 입고, 허리에는 복주머니를 차고는 온 동네를 돌아다녔다. 걸음을 옮길 적마다 주머니 속의 동전이 쟁강쟁강 울렸고, 그래서 기뻐 뜀박질이라도 칠라치면 그 울림은 더 한층 요란해져서 꼬맹이들의 신바람을 돋웠다.

그 딸랑대는 울림만큼 새해에는 새로운 좋은 복이 찾아들 것을 아이들은 기대했다. 한데 이제는 할아버지 할머니 같은 집안 어른과도 따로 사는 시대가 되었다. 그러니 친척 어른이 이웃에 살고 있는 경우는 드물다. 설빔을 입고 복주머니를 차고 온 동네를 뛰어다니던 꼬맹이들의 모습은 찾아보기 쉽지 않은 풍경이 되고 말았다.

귀신 속여 먹던 쳇바퀴

'쳇바퀴 돌듯……'이란 무슨 말일까? 이젠 '쳇바퀴'를 가정에서 못 보게 되었으니, '쳇바퀴 돌듯이……'란 말을 알아듣기 어려울 것 같다. 어쩌면 '차바퀴 돌듯'이라는 말로 오해를 살지도 모르겠다.

'쳇바퀴 돌듯'이란 말은 '뭔가가 뱅글뱅글 돌아친다'는 뜻이다. 시간이 돌고, 세월이 돌고 도는 것, 그걸 쳇바퀴 돌듯 한다고 말해왔다. 그러나 쳇바퀴란 말이 '체의 바퀴'라는 뜻이라고 말해보았자, 요즘엔 체를 구경하기 힘들게 되었으니 뜻이 통하지 않기는 마찬가지일 것이다.

체는 지난날엔 요긴한 가정용 기구, 곧 연장의 하나였다. 그게 없으면 밀가루를 내서 부침개며 빈대떡을 부칠 수가 없었다. 빻은 곡식을 곱게 걸러 가루로 만들 수도 없었다. 그러니 팥이나 콩을 삶아 맷돌에 간 뒤 찹쌀떡에 입힐 떡고물을 만들려고 해도 고운 고물을 만들 수 없었다. 그 모든 일이 체로 쳐서 만드는 곡식의 가루가 있어야 했으니 말이다.

밀가루, 녹두 가루 등등 먹는 가루는 전부 체를 거쳐야 했다. 물론 마시는 막걸리 술도 거르자면 체질을 해야만 했다. 요컨대 지난날 사람들이 먹

체는 곡식을 고운 가루로 만드는 가정용 기구
다. 팥이나 콩가루는 물론이고, 쌀가루, 밀가
루, 녹두 가루를 내릴 때, 그리고 술을 거를
때도 체가 필요했다.

고 마시고 하는 것 가운데서 체질의 신세를 안 진 것은 그다지 많지 않았던
것이다.

  체는 쳇바퀴, 쳇불, 쳇눈 등 세 부분으로 되어 있다. 얇은 나무판자를 동그
랗게 둘러친 '쳇바퀴'가 가장 먼저 눈에 띈다. 그 안의 바닥에는 그물처럼 생
긴 것이 깔려 있고 그 네모난 작은 구멍은 하고많이 얽혀서 촘촘하고 빡빡하
다. 말총이나 명주실, 아니면 가는 철사 따위로 엮어서 만든 이 네모난 구멍을
통째로 '쳇불'이라고 한다. 그리고 구멍 하나하나는 '쳇눈'이라고 불렀다.
  곡식 가루를 거를 때나 술을 거를 때는 '쳇다리'에 받쳐져 있는 체 안에다가 가루며 술을 붓는다. 그런 뒤엔 쳇바퀴를 흔들거나 주걱이나 숟가락 따위로 휘저어서 쳇불에 앉힌 가루를 걸러 내린다. 막걸리 같으면 술을 찌꺼기째로 부은 뒤에 숟가락으로 휘저어서 맑은 술만 걸러 내린다.

이런 용도로 쓰이던 게 체다. 한데 그게 묘한 것을 위해서 쓰일 때가 있었다. 곡식 거르고 술 받쳐 내는 그 원래의 제대로 된 구실 말고, 아주 엉뚱한 구실을 맡아 할 때가 있었다.

옛날 음력 섣달 그믐날의 해 질 녘이면 집집마다 대청마루 한복판의 큰 기둥에다 높다랗게 체를 걸어놓곤 했다. 식구들 신발이라고는 모두 거두어서 방 안으로 챙겨 넣은 탓에 마루 아래 섬돌은 텅텅 비었고, 그 섬돌 바로 위쯤에 체를 아주 덩그렇게 걸어두었던 것이다.

이처럼 신발을 거두어들인 것은 귀신 때문이었다. 귀신이 세밑의 섣달 그믐날에 신에다 대고 흉한 짓을 못하게 하기 위해서였다. 흉측한 귀신이 신에다 액厄이나 악惡을 끼얹게 되면, 신 주인에게 새해 내내 화가 미친다고 여겼기 때문이다.

쳇바퀴를 높다랗게 마루 기둥에 걸어둔 것도 이와 비슷한 목적 때문인데, 그 사연이 퍽 익살맞다. 옛날 사람들은 그믐날 밤에 악한 귀신이 집안에 화나 재앙을 뿌리기 위해 집집마다 찾아든다고 믿었다. 그래서 찾아온 귀신의 정신을 어지럽게 홀리기 위해서 체가 사용되었던 것이다. 이게 대체 어찌 된 영문일까? 그 사연이나 상상력이 퍽 재미있다.

귀신이 나쁜 마음을 먹고는 섬돌에 선다. 두루 살피는데, 그의 눈에 먼저 체가 보인다.

'이게 뭐야?'

그러고는 마루에 올라서서는 체 안을 살핀다. 우선 쳇불이 눈에 띈다. 이어서 쳇눈 하나하나를 살핀다.

'이게 모두 몇 개야?'

하나하나 세어본다.

'하나, 둘, 셋, 넷, 다섯……'

하지만 동그란 쳇바퀴를 따라서 동글동글 눈을 굴리면서 세어봤자 그게 끝이 없다. 동그란 쳇바퀴를 따라서 눈이 돌아가다 보니 뱅글뱅글 돌기만 하고 끝이 없다. 그야말로 쳇바퀴 굴리듯이 돌고 돌 뿐이다. 드디어 '백, 이백, 삼백…… 일천, 이천……' 하고 세는 사이에 그만 날이 새고 설날 새해가 비치기 시작한다. 밝은 것에 질겁한 귀신은 그만 날 살리라고 삼십육계 줄행랑을 놓고 만다.

글쎄? 실제로 그렇게 해서 귀신을 쫓는 데 성공했는지 어떤지는 알 수 없지만 그 생각만큼은 퍽 익살맞다. 재미있다.

동그란 쳇바퀴를 따라 쳇눈을 세다 보면 설날 새해가 비치기 시작한다. 귀신 쫓는 데 사용 했다는 쳇바퀴의 상상력이 익살맞다.

요즘 세상엔 다들 귀신의 존재를 믿지 않으니 이 같은 체의 효험도 아주 영영 옛날이야기가 되고 말았다. 그러니 귀신이 쳇눈 세면서 부려대던 그 헛고생의 익살도 잊힌 지 오래다. 집에서 주부가 일일이 체를 쳐서 부침개나 빈대떡을 구워내지도 않는다. 쳇바퀴를 구를 일도 없게 되었고, 귀신이 쳇눈을 세는 상상을 해볼 여가도 없게 되었다. 그래서는 세월이 꾸역꾸역 미적대고, 사람들은 삶을 지겹다고 여기게 된 게 아닐까.

질화로에 둘러앉아서

질화로에 재가 식어지면
뷔인 밭에 밤바람 소리 말을 달리고,
엷은 조름에 겨운 늙으신 아버지가
짚 벼개를 돋아 고이시는 곳,

—그곳이 참하 꿈엔들 잊힐리야.

정지용은 그의 시 「향수」에서 이같이 노래하고 있다. 그에게는 "얼룩백이 황소" 울음과 "검은 귀밑머리 날리는 어린 누이와/아무러치도 않고 여쁠 것도 없는/사철 발벗은 아내", 그리고 "서리 까마귀 우지짖고 지나가는 초라한 지붕" 같은 것이 그리움의 대상이 되고 있다. 그가 고향에 부치는 사무치는 그리움은 이렇게 질박하다. 가난의 낌새가 없는 것도 아닌데 그리움은 자욱하게 온 시에 어려 있다. 그런 중에도 늙으신 아버지의 무릎 앞에 있던

겨울밤 윗목의 한기를 누그러뜨리는 데는 화로 만한 게 없었다. 둥근 모양의 놋쇠 화로는
제법 귀태가 났다.

질화로는 한결 더 크게 시인을 향수에 젖게 만든다.

질화로는 질로 만든 작은 화로다. 진흙을 물에 다져 화로 모양으로 빚은 뒤에 잿물이나 유약도 바르지 않은 채로 구운 것이다. 그러니 표면이 까실까실한 것이 그 앞에 앉은 노인의 살갗과 닮았을 것이다.

옛적 시골 마을에는 몇 가지의 화로가 있었다. 놋쇠 화로와 무쇠 화로와 돌화로 그리고 질화로 등 자그마치 네 가지나 되었다. 그만큼 겨울에는 방 안의 난방에 신경을 쓴 것이다. 물론 아궁이에 불을 지펴서 아랫목은 제법 훈훈하기 마련이다. 그래도 식구들 드나드는 장지문은 겨우 문종이 한두 장 발라 붙인 것이어서 밖에서 불어닥치거나 새어드는 외풍을 제대로 막아내기란 사실상 불가능했다. 그러자니 이불이 깔린 아랫목이라면 몰라도 윗목의 공기는 차갑게 마련이었다. 그때 화로는 그 한기를 누그러뜨리는 난방장치가 되었던 셈이고, 그 구실은 요즘의 난로와도 같다.

무쇠 화로와 놋쇠 화로는 이름에서도 알 수 있듯이 쇠붙이로 만든 것이다. 무쇠는 검은 빛이 나고, 놋쇠는 유기鍮器로 되어서 노랗게 윤이 났다. 무쇠 화로에는 네모꼴로 된 것도 있고 둥근 모양으로 된 것도 있는데, 가령 네모꼴의 경우는 가로 세로가 각기 50센티미터 정도가 되도록 큼직한 것도 있었다. 이에 비해 놋쇠 화로는 으레 둥근 모양을 안존하게 갖추고 있었다. 숯불이 담기는 바닥에 도톰하게 받침이 있어서 투박해 보이기도 했지만, 세 가닥의 발 또는 받침이 제법 높게 붙어 있어서 귀태가 나기도 했다.

쇠붙이로 만드는 것과는 달리 돌화로는 큰 돌의 속을 파내어서 만든 것이다. 모양은 네모가 나거나 아니면 둥글게 돌을 깎아서 만든 만큼 투박하게 마련이었다.

그렇지만 옛날 시골집에 가장 흔하고 많았던 화로는 누가 뭐래도 질화로였다. 아주 큰 것은 '화덕'이라고도 했는데, 크고 작고 간에 그 모양새는 옹기 윗도리를 잘라낸 것 같아 보였다. 어른 앉은키로 허리께에 닿을 만한 높이였는데, 전체적으로 두툼하고 둥근 데다 널찍하기도 해서 꼭 할머니의 허리통처럼 유덕해 보였다.

한겨울 초저녁이다. 온 뜰을 차가운 바람이 몰아붙이고 있다. 장지문이 견디다 못해 흔들댄다. 그러니 스며드는 바람이 제법 차갑다. 귀며 코끝이 시릴 정도다. 그럴 때 부엌 아궁이에서 군불 때다 만 숯불을 어머니가 부삽에 담아 들여온다. 그걸 이미 재가 채워진 화로에 붓는다. 불기운이 제법 이글대고 있다. 그러면 식구들은 불이 빨리 식지 않도록 부젓가락으로 얇게 재를 씌운다.

식구들은 화로를 껴안다시피 하고는 둘러앉는다. 불김에 손을 얹고는 녹인다. 이젠 다들 제법 훈훈해진다. 화롯전에 쇠 그물을 걸치곤 떡을 얹거나, 아니면 숯불에다 대놓고는 고구마나 밤 따위를 얹어 구워서는 두루 나누어 먹는다. '호 호!' 입김을 불면서 먹는다. 꿀꺽꿀꺽 삼키는 기척과 함께 어느샌가 차가운 한기도 녹는다. 온몸이 따뜻해진다. 무릎이 맞닿도록 둘러앉은 식솔의 마음에 정이 서린다. 그럴라치면 뜰 바깥에 부는 밤바람 소리도 꽤나 부드럽게 들린다.

"아! 맛나!"

꼬맹이가 중얼댄다. 다들 고개를 주억대면서 싱긋 웃는다.

그러나 이런 질화로를 에운 정경도 이젠 찾아볼 수 없다. 놋쇠나 무쇠 화로는 인터넷에서 골동품으로 다루어지고 있는 것뿐이다. 그저 차가운 쇠붙이에 지나지 않을 뿐이다. 골동품 가게의 질화로에는 숯불도 없고, 모여 앉을 식솔도 없다.

화톳불 피워 놓고

새벽 장바닥에 화톳불이 탄다

누더기가 타고 운동화가 탄다

구두닦이와 우유배달이 서서 불을 쬔다

매운 바람은 불꽃을 날리고

널조각이 탄다 삭정이가 탄다

―신경림, 「화톳불, 눈발, 해장국」 중에서

신경림의 시에서 불꽃이 일렁이고 있다. 화톳불의 불꽃이다. 한데 화톳불을 노래한 시인은 한둘이 아니다. 또 여러 작가의 소설에서도 화톳불은 불기운을 토하고 있다. 그만큼 우리의 시와 문학에서 화톳불은 단골손님으로 등장한다.

솥 적다고 두견 울어

막내 누이 시집간다.

―장한수, 「화톳불 타는 가을밤」 중에서

고 「화톳불 타는 가을밤」을 읊은 시인도 있다.

몇몇 시만 살펴보아도 화톳불과 우리네가 어우러지는 정경이 여러 가지로 묘사된 걸 알 수 있다. 이른 새벽 장바닥의 것이 있는가 하면, 누이 시집가는 것에 즈음해서 그 전날 밤에 피운 것도 있고, 또 그 밖의 것도 다양하게 지펴져 이글댄다.

어디서나 장작개비며 잎나무를 모아서는 짚을
쏘시개 삼아 불을 지피면 화톳불이 되었다.
우리네와 어우러지는 정경이 되었다.

그뿐 아니라, 옛사람들은 밭에서도 동네의 마당에서도 화톳불을 피웠다.
바깥의 어디서나 장작개비며 잎나무를 모아서는 짚을 쏘시개 삼아 불을 지
피면 그게 화톳불이 되었다. 짚과 나뭇가지와 장작을 함께 묶은 것, 또는 함
께 쌓아둔 것을 나뭇가리라고 불렀는데, 그것을 태우면 화톳불이 되었다.

한데 그 화톳불의 쓰임새는 한둘이 아니었다. 늦가을, 한데서 일하다가
추위를 타게 되면 화톳불을 피운다. 토끼라든가 그 밖의 들짐승을 잡게 되
면 그걸 구워먹는 데도 모닥불을 지피곤 했다. 그러나 위에서 보인 대로 신
부가 시집가기 전날 밤 뜰에 피웠던 화톳불은 시집 살림 잘 살라고 해서 피
웠던 것이다. 신접살림이 활활! 화톳불 일듯이 기세 좋게 떨쳐지라는 의미
였다.

한데 이와는 대조적으로 초상을 당해도 화톳불이 피워졌다. 누군가가 숨

진 뒤, 사흘이 지나 상여가 나가기 전날 밤에는 온 밤을 두고 화톳불이 타올랐다. 상갓집에서 부정이 물러가라고 피웠던 것이다. 그뿐만 아니다. 돌아가신 사람의 넋이 저승길을 밝게 찾아가라고 해서도 화톳불은 피워졌다.

혼사 치르는 집에서 타오른 화톳불이나 초상집에서 피웠던 화톳불, 어느 것이나 이젠 없다. 그런 불길은 삭아진 지 이미 오래다.

봉홧불이 타오르면

봉화는 한자로 '烽火'라고 쓴다. 봉烽은 옥편에 아예 '봉화 봉'이라고 그 의미가 적혀 있다. 봉화는 '봉수烽燧' 또는 '봉거烽擧'라고 불리기도 했다. 한데 봉화는, 불은 불이되 예사 불이 아니다. 비상시 어떤 사건을 알리는 다급한 불이었다. 난리가 일어나거나 전쟁이 터진 것을 알리고 경계하기 위한 위급한 불이다.

봉홧불을 올리는 데는 짚과 나뭇가지를 함께 묶은 불꾸러미가 이용되었다. 그래서는 전란을 당하게 된 지역의 병사가 그걸 손에 들고는 높이 치켜들었다. 아니면 그 봉홧불을 들고는 진지 안을 뛰어다니기도 했다.

그런가 하면 아예 높은 산봉우리에 설치된 '봉수대烽燧臺'에다 봉화를 피워 올리기도 했다. 곳곳에는 지금도 봉수대가 우뚝하니 남겨져서는 옛 자취를 전해주고 있다. 해안 봉수대는 으레 바다가 내다보이는 높은 산봉우리에 자리 잡고 있는데, 왜 그랬을까?

경남 고성군 하일면의 용암포에는 임진왜란 당시에 조선 수군의 진영陣營이 있었다. 수군 사령부나 마찬가지인데, 그 진영 터가 내려다보이는 산봉

우리에 덩두렷하게 봉수대가 자리 잡고 있다. 그것은 왜구倭寇, 곧 일본의 해적이나 왜군이 쳐들어올 것에 대비해 마련된 것이다.

　노략질을 일삼는 왜구가 쳐들어오는 것이 저 멀리에서 보이자마자, 곧장 봉수대에는 봉화가 타올랐다. 적의 침입에 대한 일종의 경계경보警戒警報였던 셈이다. 그래서는 바닷가 최전방의 봉수대에서 타오른 봉화는 내륙의 산봉우리에 있는 봉수대로 이어져 이러한 사실을 서울에 알렸다. 바닷가에서 내륙으로 차례차례 봉화가 전달된 것이다. 임진왜란 때도 물론 봉수대의 봉화는 드높게 타올랐을 것이다.

　그러나 국방의 제일선이요 최전방이던 봉수대는 이제 간신히 자취만 남기고 있을 뿐이다.

갖가지 놀이들

논다, 놀이! 이 신나는 두 말,
듣기만 해도 어깨가 절로 들썩대던 그 말!
하긴 지금도 그 말은 남아 있다. 하지만 속내는 많이 달라졌다.
내용이며 알맹이가 둔갑하다시피 달라지고 말았다.
"순이야 다와서 놀자!"
사립짝 너머로 들려오던 그 소리, 그 부르고 꾀는 소리는
이제 꿈속에서나 메아리킬 뿐, 사뭇 까마득하다.
"그래. 나가 놀게!"
그렇게 맞장구치던 외침 소리로 고샅이 떨렸었다.
그건 어우러짐의 소리고, 패거리의 다짐이었다.
짝짓기의 약속이었다.
그래서 벌어지곤 했던 단짝들의 놀이가 있었다.
그건 다 함께 가슴과 가슴이 통하고,
서로들 흥이 뒤범벅으로 수런대는 놀이였다.
그래서들 '놀이판'이란 말이 쓰이곤 했다.

마을 안 고샅이며 골목에서 아이들은 재잘댔다. 뜰이며 마당에서 법석을 떨었다. 아우성쳤다. 동구 밖 환히 트인 한길에서부터 뛰고 굴렀다. 달리고 돌아쳤다. 그런 놀이는 언제나 다사롭고 뜨거웠다. 재미의 김이 물씬물씬했다. 꿀맛 같았다. 그래서도 이내 넋을 팔았다.

하지만 이제는 감감 무소식이다. 고샅에 메아리치곤 했던 아우성을 이제는 컴퓨터의 클릭 소리가 삼키고 말았다. 전자 게임은 늘 혼자서 하게 마련이다. 누군가와 게임을 한다고 해도 상대방은 얼굴도 모르는 남일 때가 많다. 그래서 오늘날의 놀이는 재밌을지언정 외롭다. 홀리는 재주는 있을지 몰라도 가슴이 통하고 흥으로 수런대는 놀이는 결코 아니다.

그래서는 훨훨 털고 그 옛날 어우러짐의 놀이판으로 돌아가보자. 잃은 보물을 찾듯이 되돌아가보자. 그리고 다 같이 소리쳐보자.

노세 노세 젊어서 노세

늙어지면 못 노나니

이 노래에서는 노는 것이 기를 돋우는 일이 되고 있다. 젊음의 젊음다운 보람, 그게 놀이가 되어 있다. 이 경우, '논다'는 유희遊戲나 오락娛樂 등의 한자 말이 어울릴 만큼 좋은 뜻을 갖추고 있다. 즐거움이 넘치고 신바람이 설레고 한다. 하지만 따지고 보면 놀기가 신나고 재미있다고 해서 놀이 그 자체가 만만한 것은 아니다.

'놈팡이', '논다니'. 이 두 말에서 놀기는 영 말이 아니다. 놀이란 말의 신세를 망치고 있다. 아무 할 일 없이 그저 놀기만 하는 녀석이 곧 놈팡이다. 그는 '놀아 먹기'만 하고 '놀아 때리기'만 한다. 그런가 하면 '노닥거린다'라고 하면 실없이 시시덕거리고 있음을 의미한다. 또 누군가를 보고 '놀고 있네!'라고 하면, 그는 실없는 짓을 하고 있는 게 된다. 그런가 하면 '논다니'는 더 한층 흉한 말이다. 술 팔고 웃음 팔면서 사내들에게 몸도 파는 아낙을 가리키는 말로, 옛날로 치면 색주가고 요즘 말로 하면 창부다. 그런 측면에서 '논다'는 말은 그 몰골이 말이 아니다.

그러나 놀기가 매양 망측한 것은 아니다. 밝은 웃음이 우러나게 놀 수도 있다. 서로 정을 다지면서 즐겁게 놀 수도 있다. 화기애애和氣靄靄는 서로 마음이 통하고 가슴이 열리면서 기쁨을 나누어 갖는 것을 의미하는데, 그런 경지의 놀이도 있을 수 있다. 소년 소녀의 놀이는 모두 이에 속할 것이다.

그런가 하면 '노닐다'라는 것은 다른 분위기를 갖추고 있다. 마음 느긋하게, 차분하게 여가를 즐기는 것을 노닌다고 한다. 산책이 대표적일 것이다. 이른바, '신선놀음'이라는 것이 이에 속할 것이다.

이렇게 놀이는 갖가지다. 양지가 있고 음지도 있다. 그러다 보니 이론적으로 따져서 그 갈래를 매기기도 쉽지는 않지만, 굳이 매기자면 네 가지쯤 있게 된다. 다투고 겨루고 경쟁을 벌이고 하는 놀이가 있는가 하면, 뭔가를 본따고 흉내 내고 하는 놀이도 있을 수 있다. 또 다르게는 운수 따라서 뭔가를 얻고 잃고 하는 놀이, 재수가 좋고 나쁜 것에 걸려서 따고 잃고 하는 놀이도 있다. 그런 한편, 어지럼 타며 재미 보는 놀이도 있다.

학자들은 이들을 차례대로 '아곤Agôn의 놀이' '미미크리Mimicry의 놀이' '알레아Alea의 놀이' 그리고 '일린크스Ilinx의 놀이'라고 구분 짓고 있다. 그 네 가지를 위에서 들어 보인 순서에 맞추어서 '겨루기 놀이' '흉내 내기 놀이' '운수 보기 놀이' 그리고 '어지럼 타기 놀이'라고 우리말로 이름 지어도 좋을 것이다. 씨름이나 술래잡기는 대표적인 '아곤의 놀이'다. '소꿉놀이'며 '의사 노릇' 따위는 '미미크리의 놀이'다. 가위바위보나 제비뽑기는 '알레아의 놀이'다. 그런가 하면 뺑뺑이 돌기는 '일린크스의 놀이'다.

소년 소녀들은 불과 한두 세대 전까지만 해도 이들 네 가지 놀이로 재미를 보았다. 흥청대고 놀았다. 그들 인생도 따라서 흥겹고 싱그러웠다. 한데 오늘날은 어떨까? 거의 다 기울고 만 게 아닌지 모르겠다. 한두 가지가 겨우겨우 체면치레나 하고 있는 게 고작일 것 같다.

가지가지 치기와 차기

놀이판의 정경

불과 한두 세대 전만 해도 '치기'는 참 흔했다. 별의별 치기가 다 있었다. 모두 모여 무언가를 치고, 치고, 또 치곤 했다. 돈치기, 돌치기, 땅치기, 자치기, 다리 치기, 딱지치기, 짱치기, 박치기 등등…… 이 가운데는 이미 이름마저 잊힌 것도 있다. 그 신바람, 그 흥청댐도 이젠 식어지고 말았다.

이들은 모두 소년 소녀의 놀이다. 신나는, 재미나는 유희다. 통틀어서 '치기 놀이'라고 해도 좋을 것이다. 그러나 소매치기는 절대로 안 된다. 훔치기도 물론 안 된다. 죄 짓고 콩밥 먹게 되는 이따위 치기는 아예 없어지고 말아야 한다.

나중에 위에 든 좋은 치기 중에서 두세 가지는 하나하나 자세히 말하게 되겠지만 우선 여러 가지 놀이의 모양새부터 살펴보자. 동전을 맞추어 쳐서

"아! 엿이 왔네, 엿이 왔네. 맛 좋은 엿이 왔네. 사구려, 사구려! 엿 사구려! 쫄깃쫄깃, 달콤달콤, 엿 바꾸구려!" 하는 엿장수의 외침이 들릴 듯하다.

는 따 먹기 하면 돈치기다. 돌에 돌을 맞추어 치면서 겨루면 그게 돌치기다. 작은 돌알을 땅바닥에 튕겨서는 그게 굴러가는 대로 선을 그어서는 그 안을 제 땅으로 차지하게 되는 놀이가 땅치기다. 짧은 작대기를 긴 막대기로 쳐서 날려 보내되, 멀리 날아가는 것만큼 이기게 되는 놀이가 자치기다. 서로 가볍게 이마나 머리 맞부딪치고는 누가 밀려나는가 겨루어보는 게 박치기다.

그런데 치기 놀이 가운데, 그것도 소년의 그것 가운데 하키 비슷한 게 있었다면 누가 믿을까? 내친 김에 헛소리로라도 하키가 우리나라의 놀이에서 시작해 서구로 또 세계로 퍼져 나갔다고 억지를 부리면 어떻게 될까? 그건 그렇다 치고, 우리의 한두 세대 전의 놀이에 하키에 견줄 만한 게 있었던 것은 멀쩡한 사실이다. 그걸 '짱치기'라고 했다. 이름조차 재미난다.

옛날에 소 먹이러 산에 간 아이들은 풀밭이나 맨땅에서 짱치기를 했다. 마치 하키의 퍽 같은 것을 만들어서는 작대기로 쳐서 상대방 골문 안에 쳐서 넣곤 승부를 가린 것이다. 자, 이 지경이니, 한두 세대 전의 아이들, 그러니까 지금 당장 소년과 소녀의 아버지나 할아버지는 다들 그렇게 갖가지 치기로 재미 많이 보았다.

그런 중에도 군것질, 요즘 식으로 말하면 간식 먹기를 겸해서 놀곤 하던 치기가 바로 '엿치기'다. 놀고도 맛나는 것, 야금야금 먹게 되니 시험 쳐서 좋은 점수 따고 상 받는 것이나 다를 것 없다. 이런 걸 양수겸장이라고 한다.

신나는 엿판

그럼 엿치기하는 현장으로 가보자.

'철커득, 철커득!' 가위 소리가 울린다. 가윗날이 엇물리는 쇳소리가 날카롭다. 거기 사람 소리가 어우러져 합창을 한다.

"아! 엿이 왔네, 엿이 왔네. 맛 좋은 엿이 왔네. 사구려, 사구려! 엿 사구려! 쫄깃쫄깃, 달콤달콤, 엿 바꾸구려!"

마을 바깥으로 나가는 고샅 한쪽, 마당에 아이들이 우르르 몰려든다. 어른도 한둘 껴든다. 가위를 울려대는 엿장수가 춤추듯 하고 있다. 가위 든 손과 장단을 맞추어서 빈손도 위아래로 파도를 친다. 이마에 흰 수건을 두르고 아래위로 때에 전 바지저고리를 입은 엿장수 아저씨가 연신 벙글거린다.

그 엿장수 아저씨 앞에 작은 달구지가 있고, 그 위에 엿판이 놓여 있다. 더러는 어깨에 줄을 걸어서 메고 온 엿판이 엿장수 아저씨의 발치에 놓여 있기도 하다. 큰 탁자 두세 개를 합쳐놓은 것만 한 크기의 엿판에 가래엿이 가득하다. 줄줄이 늘어져 있는, 기다랗고 누르께한 엿가락에서 엿장수가 몇 토막을 잘라낸다. 탁탁, 가위로 쳐서 우둘투둘 잘라낸다. 그러고는, "자, 맛보기!" 한다.

앞으로, 양 옆으로 던져준다. 둘러서서 코를 훌쩍거리며 침 흘리고 있던 아이들이 다툼을 벌인다. 용케 낚아챈 녀석이 날름 입에 문다. 그러고는 질끈질끈 씹어댄다.

그러자, 한 녀석이 찌그러진 양푼이나 으깨진 양철 그릇 따위를 내민다. 엿장수는 손으로 무게를 재보곤 알맞은 크기로 엿을 잘라서 던져준다. 그러

엿장수는 먹기 좋은 크기로 엿을 토막 내거나 대패로 밀어서 떼어내기도 했다. 그 정겨운 장면은 이젠 옛일로 접어두어야 한다.

면 옆에서 부러움 가득, 함성이 터지곤 했다. 지금은 지난날의 추억 속으로 밀려난 이 정경! 마을의 작은 축제 같기도 했던, 그 정겨운 장면은 이젠 옛일로 접어두어야 한다. 사뭇 그립다. 서럽게 아쉽다.

엿치기하는 그 잔치판

한데 '가래엿판'에서는 또 다른 멋진, 활동사진의 한 장면 같은 정경들이 연출되곤 했다. 그중 하나가 엿치기하는 장면이다. 용돈깨나, 아니면 푼돈깨나 모아둔 녀석들이 호주머니로 손을 지른다. 동전 소리가 절컹댄다. 한두 푼 집어서는 옆에 선 녀석에게 보여주면서 도전한다. 물으나 마나 보나 마나, 엿치기하자는 것이다.

상대가 대뜸 응전하며 엿판을 들여다본다. 그러곤 여러 개 놓여 있는 중에 짤막한 가락엿을 뚫어져라 살펴본다. 현미경을 들여다보는 눈이 저럴까 싶게 눈알이 빛난다. 그러곤 덥석, 그중 한 개를 집어 올린다. 상대방 녀석도 꼭 같이 해서는 가래엿 한 가닥을 집어낸다.

툭 툭! 우선 엿판 운두에다 대고 가볍게 두드리는 것이 먼저. 그러고는 '후!' 엿에 대고는 세차게 입김을 분다. 엿에 묻은 고물이 허옇게 날린다. 그뿐만 아니다. 만사는 뭣이나 챙기고 또 챙겨야 한다. 다지고 또 다져야 한다. '뿌!' 한 번 더 강하게 일으킨 바람 아닌 폭풍이 엿가락을 휩쓴다. 그러고 나면 엿가락의 알몸이 훤히 드러난다. 가느다란 몸에 꼬불꼬불 몇 줄 금이 가 있는 게 눈에 든다. 그 줄의 많고 적음, 그리고 굵고 가늚을 꼼꼼히 검토한다. 교실에서 교과서 읽는 눈총은 저리 가라다.

엿치기하던 그 시절이 사뭇 그립다. 서럽게
아쉽다. 엿판도 엿가락도 가위 소리도 이젠
추억일 뿐이다.

　이 모든 게 순식간에 진행된다. 이어서 엿가락 가운데 가장 부푼 부분에
두 손의 열 손가락을 모은다. 힘이 모아진 주먹이 바르르 떨리도록. 필승을
다짐하듯, 기도하듯, 눈을 질끈 감는다.
　'우지끈!'
　마침내 엿가락이 둘로 토막 난다. 부러져서 안이 노출된 엿가락의 속살
에 대고는, 훅! 하고 최후의 입 폭풍을 몰아붙인다. 송골송골 구멍이 드러
난다. 스스로 그 굵기를 확인한 다음, 두 내기꾼은 구멍 크기를 맞대어본다.
　"와, 이겼다!"
　엿가락에 구멍이 뻥 하고 크게 난 녀석이 승리의 환호성을 올린다. 구멍
이 작은 패자는 온 상판대기를 찡그리다 못해 울상이 된다. 아쉬움 가득, 꼼
지락대면서 호주머니에서 동전을 꺼낸다. 두 사람 몫을 제 혼자 물어야 하

는 게 아무래도 원통하지만, 게임은 게임이고 룰은 룰이니 어쩔 수 없다.

'우지직!' 싸움에 이긴 녀석이 엿을 깨문다. 온 얼굴 가득 번진 웃음, 입이 찢어질 듯 번진 웃음 탓에 베어 문 엿가락을 하마터면 내뱉을 뻔한다. 엄지 검지로 입속 깊숙이 그걸 밀어 넣는다. 손가락 끝에 묻은 엿 기운을 혀로 빨아댄다. 둘레에 모여 선 동갑내기들이 빈 입을 다시고 맨 혀를 빤다.

이 잔치판은 이제 어디로 간 걸까? 햄버거 숍, 아이스크림 숍, 케이크 숍으로 다들 몰려간 걸까? 엿판도 엿가락도 가위 소리도 이젠 추억일 뿐이다.

돈치기, 그것이 일러주는 귀한 가르침

엿치기가 공짜로 엿을 따먹는 놀이라면, '돈치기'는 남의 돈을 공짜로 챙기는 '돈 따먹기' 놀이다.

엿치기는 눈썰미 겨루기고 운수 보기 놀이이기도 하다. 얼핏 보는 것만으로 엿가락 속의 구멍이 얼마나 크고 작은가를 보아낼 줄 아는 능력을 서로 겨루게 된다. 하지만 안력, 곧 눈힘 겨루기만은 아니다. 아무리 열심히 들여다본다지만 엿가락 속을 샅샅이, 알알이 다 꿰뚫어 볼 수는 없는 노릇이다. 그러기에 운수소관도 제법 큰 구실을 하게 될 것이다. 바로 이 때문에 '엿치기'는 눈힘 겨루기이면서도 운수 좋고 나쁨의 겨루기가 되기도 했던 것이다. 그걸 놀이 이론을 다루는 학자들은 '알레아의 놀이'라고 했다. '재수 보기' 놀이라는 뜻이다.

이에 견주면 '돈치기'는 솜씨 겨루기고 기술 시합이다. 다투고 겨루는 놀이를 흔히 라틴 말을 빌려서 '아곤의 놀이'라고들 하는데, 그렇다 쳐도 무엇을 두고 다투거나 겨루고 해서 이기고 지는 것을 가리는 것은 놀이마다 달라진다. 엿치기는 부분적으로 아곤의 놀이지만 돈치기는 전적으로 '아곤의 놀이'다. 비슷한 듯하지만, 서로 다르다. 그것은 아이들이 갖가지로 재미나게 놀이를 만들어내었다는 뜻이기도 하다. 아이들은 '놀이의 천재'다.

이제 그 천재들의 놀이판 현장에 가보기로 하자.

"아, 맞춰 찍었다. 저건 내 돈이야!"

이런 외침이 솟구치면 으레 '돈치기 판'이 한창이게 마련이다.

한 녀석이 동전 몇 개를 앞으로 던진다. 동전은 한 사람이 하나씩 내놓은 것이니까, 그 수는 놀이에 껴든 사람의 수와 같다. 셋이 같이 논다면 동전은 말할 것도 없이 셋이 된다.

가위바위보로 이긴 녀석이 맨 앞에서 동전을 던진다. 이내 세 개의 동전이 다섯 발자국만큼 떨어진 저 앞에 떨어진다. 가령, 그중 둘은 미리 그려놓은 반달 모양의 선 안에 떨어지고 나머지 하나는 그 반달무늬 바닥의 직선 조금 못 미친 땅바닥에 나뒹굴다가 멈추었다고 치자. 이럴 때, 직선 위에서 반달 바깥으로 떨어진 동전은 아예 잃는 게 되고 만다. 그건 손해 보는 셈이다.

녀석들은 숨을 죽이고 두 눈 똑바로 뜨고는 동전을 노려본다. 손에 들린 가벼운 돌 조각이나 목대와 눈길이 함께 동전에 맞추어진다. 한참 그렇게 겨냥한 끝에 '획!' 돌이나 목대가 총알처럼 날아간다. 목대란 요즘은 안 쓰이는 낱말인데, 엽전이나 가운데 구멍 뚫린 동전을 두세 개 겹쳐서 끈으로 묶은 것을 말한다. 동전을 향해 던지는 용도로는 돌 조각과 마찬가지다. 아무러하든, 목대 또는 돌 조각으로 돈을 겨냥해서는 던진다. 한데 헛방이다. 돌이나 목대는 애꿎은 흙바닥만 할퀴고 만다.

‘에이 씨’, 한숨을 토하는 녀석을 젖혀 내고는 다음 차례를 기다리던 녀석이 나선다. 마찬가지로 돌이나 목대를 쥐고 먼데 동전을 꼬나본다. 이윽고 돌이나 목대가 날아간다.

‘덜컹!’ 반달 무늬 안에 든 동전을 돌이나 목대가 찍는다. 떨어져 박힌다.

“땄다!” 명중시킨 녀석은 찍힌 동전을 움켜쥔다. 손바닥을 펴고는 그 동전에 ‘태!’ 하고 침을 뱉는다. 그래야 남에게 안 넘어가게 된다고 믿었던 것이다.

돈치기 놀이로는 이것이 전부가 아니다. 반달 모양의 무늬 안쪽이 아니고, 뚱딴지같이 그 아래 맨바닥에 자리 잡고 있는 것은 다른 방법으로 따먹어야 한다. 돌 또는 목대로 쳐서는 반달 안으로 쳐올려야 한다. 이래저래 동전을 맞춰서 챙긴 녀석은 또다시 제 차례를 누리게 되고, 돈은 연달아서 제차지가 된다. 이런 놀이가 ‘돈치기’, 돈 따먹기 장난이다.

그런데 ‘돈치기’에는 또 다른 종류가 있었다. 이것은 앞에 보인 것보다 훨씬 까다롭지만, 그만큼 노는 재미와 따먹는 재미가 컸다.

우선 놀이꾼들이 설 자리에 선을 긋는다. 그러고는 그 앞 이삼 미터쯤 떨어진 곳에 또 다른 선을 긋는다. 앞쪽 선 바로 위에 동전보다 조금 큰 구멍을 판다. 이걸로 경기장은 완성된다. 이제 돈치기할 차례다.

다섯 아이가 논다고 치면, 한 사람이 하나씩 내놓은 동전 다섯 개를 다섯 놀이꾼이 가위바위보로 정해진 순서에 따라 구멍을 향해 던진다. 어쩌다 구멍에 동전이 박히기라도 하면, 녀석은 천하라도 얻은 듯 온 얼굴에 웃음 가득이다. 구멍에 떨어진 동전은 녀석의 차지가 되기 때문이다. 돈을 따먹은 것이다.

하지만 그걸로 끝이 나는 것은 아니다. 구멍에 박히지 못하고 나뒹군 동전을 위한 차례가 기다리고 있다.

"요것 쳐서 맞춰봐라!"

다음 차례를 기다리는 대기조에 든 녀석들이 입에 칼날을 세우고는 소리 친다. 그들이 가리킨 것은 쳐 맞추기가 여간 까다로운 게 아니다. 자기들 동전을 그냥 넘겨주지 않기 위해서는 당연히 그래야 한다. 그들 심통 사나 운 심술패기가 하필, 구멍 안에 반쯤 박히고 바깥으로 겨우 반쪽만 나와 있 는 동전을 가리키면서 노려본다.

이제 막 동전을 던진 녀석은 실쭉, 눈살을 찌푸린다. 목대나 돌을 그것에 대고는 겨냥한다. 어떻게든 쳐 맞추어야 한다. 하지만 동명왕이나 윌리엄 텔같이 명사수가 아닌 바에야 쳐 맞추기는 쉽지 않은 일! 목대나 돌이 날아 가지만 꼴좋게 헛방이다. 돌이나 목대는 애꿎은 땅바닥만 두들기고 만다. 울상이 된 실패자가 동전을 호주머니에서 내던진다. 아니, 내팽개친다. 그 건 맞추지 못한 벌금이나 마찬가지다. 그는 돈 잃고 벌금 물고, 이중으로 욕 을 본다.

그렇다면 다음 녀석은 횡재한 것이나 다름없다. 녀석은 앞의 녀석이 구 멍에 맞추어 넣지도 못하고 쳐서 맞추지도 못한 것, 그리고 벌금으로 문 것 까지 해서 앞에 보인 그대로 놀게 되어 있다.

이렇게 저렇게 놀다 보면, 돈치기 재미로 아이들은 해 지는 줄도 저녁밥 때가 된 것도 모르고 만다. 지금부터 한 오륙십 년 전 같으면, 일 전짜리 동 전 한 닢이 요즘으로 치면 적어도 천 원 정도의 값어치는 되었으니까, 아이 들로서는 제법 큰돈이 아닐 수 없었다. 돈이 귀해서 애들에겐 좀체 얻어 걸 리지 못하던 시절이라서, 일 전짜리 동전 한 닢만 해도 여간 값진 게 아니었 다. 그러자니, 길바닥이나 마을의 마당에서 하는 돈치기는 요즘 같으면 로 또 복권 따기나 다를 게 없었다. 하니까 아이들로서는, 그것도 사내아이들로서는 돈치기가 여간 진지하고 열중하게 되는 게임이 아니었다.

해서 어른들의 '돈질'과는 사뭇 다른 것이었다. 어른들이 노름판에서 현금을 주고받고, 따고 잃고 하는 게 돈질인데, 그것과 아이들의 돈치기는 같을 수가 없었다. 돈질은 어쩐지 '돈지랄'처럼 들릴 것도 같다.

돈치기는 도박이 아니라 무엇보다 재미로 노는 놀이였다. 그러면서도 가르침을 주는 게 있었다. 자그마치 세 가지씩이나. 우선 돈을 손에 넣기 힘겹다는 것을 가르친다. 무겁고 힘겨운 게 돈이라고 일러준다. 둘째는 얻기 힘겨운 만큼 돈이 귀하다는 가르침을 재미에 보태어서 일러준다. 마지막으로, 돈은 규율을 지켜서 곧고 바르게 손에 넣어야 한다고 간절하게 일러주었다. 그런 가르침은 통째로 돈이 맑고 깨끗하게 세상에 나돌아야 한다는 것을 타일러주었다. 돈이 맑아야 사람도 세상도 깨끗한 삶을 누리게 될 것이라는 점을 말해주기도 했다.

하지만 '돈치기'는 가고 없다. 그 재미, 그 가르침 모두 가고 없는 옛날이야기가 되었다. 다만 백 퍼센트로 남의 돈 챙겨 먹고 따먹는 'PC게임'만이 날쳐대고 있다. 그래서 요즘 돈에는 뿔이 났다는 소문이 나돌고 있는 모양이다.

짱치기와 소

'짱치기', 그건 이제 영 낯설고 눈선 말이 되고 말았다. 나이 사오십 넘은 사람 가운데서도 기억으로 되살리기 어려울지 모른다. 이름부터가 말썽

꾸러기다. '짱'이란 게 도대체 뭘까? 놀이가 신이 나고 재미있기로는 '짱! 하고 해 뜨는 것' 같아서 붙여진 이름일까? 아니면 놀이가 옹골차고 야무지기가 엄청나서, 그래서 짱짱해서 용케 붙여진 이름일까? 두 가지 생각 중에서 어느 게 더 옳을까?

물론, 두 가지 모두 그럴듯한 곡절을 갖추고 있다. 신바람 나는 놀이고 치기인 건 틀림없으니까 '짱!' 하고 해 뜨는 것 같을 테고, 겸해서 '짱짱할' 수도 있을 것이기 때문이다. 이러나저러나 '짱'이 다부진 건 어김이 없다.

그러나 짱치기(혹은 '장치기')는 이렇게 둘러서만 말하고 말 게 아니다. '짱치기'의 '짱' 또는 '장'은 공같이 동글반반하게 생긴 놀이 기구의 이름이란 것이 강조되어야 한다. 하키나 골프처럼 작대기나 채로 둥근 공을 치기로는 이 전통놀이도 다를 바가 없다. 그러기에 그 옛날 짱치기로 솜씨를 날린 사람이라면 우수한 하키 선수가 되거나 골프의 달인이 되고도 남았을 것이다. 아마도 문제없이 연거푸 '홀인'을 했을 것이다.

정확하게 다잡아서 말하자면, '짱' 또는 '장'은 '장치기 공'으로서 나무로 깎아 만든 주먹만 한 공을 가리킨다. 그 나무 공을 '골채', 곧 공 치는 채(작대기)로 치는 놀이가 바로 '짱치기' 또는 '장치기'다.

그런데 그 놀이의 구체적인 모양새는 어떠했을까? 궁금할 것이다. 이제 현장으로 가보자.

짱치기는 소 먹이기와 맺어져 있었다. 농촌에 소가 없었다면 이 놀이는 생겨나지 않았을지도 모른다. 하긴 짱치기와 관계 짓지 않더라도 소는 농촌에서 여간 중요한 구실을 맡고 있었던 게 아니다. 그러기에 두어 세대 전만 해도, 농촌 마을에서 소 먹이기는 여간 중요한 일이 아니었다. 소는 크게 보아 개며 돼지, 또는 염소처럼 가축, 곧 '집짐승'의 무리에 들었지만 나머지

짐승과는 비중이 판이하게 달랐다.

우선 소는 한 집안의 큰 자산이었다. 살아 움직이는 동물이니까, '동산動産'의 일종이라고 해도 괜찮을 만했다. 그것도 예사 자산이 아니었다. 집이나 논밭 같은 부동산을 빼고 나면 이만하게 값나갈 재산은 따로 없다시피 했으니까 말이다. 그뿐 아니다. 가장 큰 구실을 하는 연장, 곧 농기구의 연장이나 마찬가지였다. 요즘 식으로 보자면, 경운기나 트랙터와 다를 것이 없었다. 소는 '살아 있는 경운기'였다. 흔히 옛사람들이 '농사는 천하의 대본農者天下之大本'으로 일러왔는데, 소는 소대로 농사에서 요긴한 힘을 부려왔으니 '농사의 대본'일 수밖에 없었다.

그뿐만 아니라, 소는 집짐승이되, 집안 식구에 버금가는 것이었다. 소의 집인 외양간은 서민들의 집 같으면 마루에서 빤히 마주 바라보이는 곳에 자리하고 있었다. 그것은 한 집안의 별채와도 같은 것이었다. 그러다 보니, 다른 집짐승과는 달리 그 먹이도 각별했다. 쇠죽은 집안 식구들의 끼니 다음으로 손질이 많이 가는 먹이였다. 그러기에 쇠죽가마가 따로 있고, 쇠죽솥도 따로 있었다. 쇠죽을 끓이는 일에 밥 짓기만큼 정성을 들였으니 동짓날 팥죽을 끓이는 일과도 겨룰 만했을지 모르겠다.

이렇게 소가 요긴하다 보니 하다못해 그 똥도 크게 대접을 받았다. 쇠똥 구운 것을 흔히 '쇠똥찜'이라고 불렀는데, 이것은 부스럼 다스리는 데 쓰이는 약이었다. 이럴 정도이니 소를 두고는 하고많은 속담이 지어져서 사용되었다.

'소같이 벌어서 쥐같이 먹어라.'

'소더러 한 말은 안 나가도 아내에게 한 말은 밖에 나간다.'

이렇듯이 여러모로 사람의 행동이며 마음가짐이 소에 견주어진 것이다.

이래서도 소는 여간 듬직한 가축이 아니었다. 믿을 만하고 의지할 만한 게 다름 아닌 소였다. 이렇듯이 알뜰살뜰했던 농촌의 소는 이제 찾기 어려워졌다. 여전히 농촌에서는 소를 많이 기르지만, 그런 소는 육우이거나 젖소일 뿐, 집안 식구나 다름없던 그런 정겨운 소는 사라지고 없다.

> 넓은 벌 동쪽 끝으로
> 옛이야기 지줄대는 실개천이 회돌아 나가고,
> 얼룩백이 황소가
> 헤설피 금빛 게으른 울음을 우는 곳,
>
> ─그곳이 참하 꿈엔들 잊힐리야.

─정지용, 「향수」 중에서

이제 '황금빛 게으른 울음 우는 황소'는 향수의 대상도 못 된다. 완전히 잊혀졌기 때문이다. 그뿐만 아니다. 아예 농우農牛라고 불리던 그 소, 시골의 농가에서 식솔들과 함께 일하고 땀 흘리던 그 알뜰한 소, 그래서 식솔들이 깍듯이 섬기다시피 했던 그 소는 사라지고 없다. 이제 소는 다만 먹을거리에 그치고 말았다. 보통 사람들 눈에 안심, 등심, 사태, 홍두깨 등등은 보여도, 소는 안 보인다. 입으로 쇠고기를 씹고 먹어대기만 할 뿐, 소 그 자체는 온데간데없다.

짱치기라는 하키 게임

짱치기는 소에게 풀을 먹이는 일과 떼려야 뗄 수 없는 짝이다. 소가 없었더라면 짱치기라는 놀이는 생겨나지 않았을지도 모른다.

이제 짱치기하는 현장으로 직접 가보자.

산비탈의 비교적 평퍼짐한 언덕에서 아이들이 뛰놀고 있다. 저만치 떨어진 풀밭에서는 그들이 데리고 온 소들이 한가로이 풀을 뜯고 있다. 그 두 가지 정경은 퍽 대조적이다. 아이들은 심심풀이로만 놀고 있는 게 아니다. 짤막한 막대기를 들고는 날쌔게 이리 뛰고 저리 뛴다. 마치 산토끼처럼.

밀고 밀리는 걸 보면 두 패로 갈려서 뭔가를 겨루는 모양이다. 그래서는 공처럼 생긴 짱을 작대기로 치고 받으면서, 뺏고 빼앗기고 하면서 내달리고 있다. 그러다가 지나치게 힘을 넣어서 친 탓일까? 짱이 저만큼 떨어진 소의 무리 속으로 날아든다 싶더니, 웬걸 그중 한 마리의 이마빼기를 갈긴다. 소가 화들짝 놀라서는 화닥닥 화닥닥 뛴다. 덩달아서 다른 소도 놀라서 이리 뛰고 저리 뛴다. 놀이를 중단하고 아이들도 길거리로 몰려간다. 소들의 앞을 가로막고는, '워, 워!' 소들을 달래기 바쁘다.

이내 소들의 흥분이 가라앉고 나면, 소 주인들은 다시 경기장으로 돌아온다.

금방, 경기가 다시 시작된다. 이쪽 패가 기세를 올리면서 저쪽 패 쪽을 향해 쏠려 가기 시작한다. 그들은 이내 제법 기다란 나무 기둥이 둘 마주 보고 세워진 쪽으로 몰려든다. 이건 말하자면 '골문'인데, 더러는 제법 커다란 'ㅅ' 자 모양으로 두 기둥 나무가 묶여 있기도 했다. 그런 문 앞으로 물밀듯이 쏠려 가서는 훼방하고 드는 상대편의 손짓 발짓 작대기짓을 피해서는 작대기로 짱을 친다.

‘슈웃!’ 축구 같으면 그렇게 소리칠 판이다. 그러나 짱치기에서는 ‘샷!’이라고 소리치는 게 옳다. 작대기로 짱이라는 공을 골프공 치듯이 갈겨서 골문에 넣기 때문이다. 그러나 실제로는 ‘들어간다!’는 아우성이 일고, 짱은 짱하고 짱짱하게, 또 보기 좋게 골문 안으로 날아든다.

“골인!”

넣은 편이나 당한 편이나 다들 임시로 변통한 경기장 한가운데로 돌아간다. 양편이 어금지금 마주 보고, 서로 노려보고 줄을 선다. 좀 전에 막 짱을 넣은 편에서 그 우두머리가 작대기를 우람하게 몇 번 뒤흔든다. 그러곤 ‘탁!’ 짱을 쳐서 날린다. 상대 진영에 떨어진 짱을 누군가 맞받아서 친다. 이제 2차전이 벌어진 것이다.

자, 이런 게 바로 짱치기다. 그것은 요즘의 하키 게임을 닮은 듯하지만, 실은 옛날부터 우리 조상이 즐겼던 격구擊毬와도 퍽 많이 닮았다. ‘격봉擊棒’ 또는 ‘타구打毬’라고도 하는 격구는 구장毬場, 곧 필드에서 두 편이 말을 탄 채로 기다란 작대기로 ‘구球’를 쳐서 상대방 골문 안에다 넣는 기마騎馬 경기였다.

다른 놀이며 경기와 어떻게 비교가 되든 간에, 짱치기는 소 먹이는 목동들의 목가牧歌적인 운동경기다. 소나 염소를 산비알 풀밭에 데려다놓으면 그네 발 달린 짐승들은 거의 온 종일 풀을 뜯어 먹었다. 그래야 튼튼하게 무럭무럭 자라기도 했으니. 한데 그 일이 온 종일이다 보니 소 먹이는 꼬마들로서는 지루하기가 이를 데 없었다. 심심해서 미칠 지경이었을 것이다.

푸른 잔디 풀 위로

봄바람은 불고

아지랑이 잔잔히 끼인 어떤 날,

나물 캐는 처녀는

언덕으로 다니며

고운 나물 찾나니

어여쁘다, 그 손목.

소 먹이던 목동이 손목 잡았네

새빨개진 얼굴로

뿌리치고 가오니

그의 굳은 마음 변함 없다네

어여쁘다, 그 처녀.

— 현제명 작사·작곡, 「나물 캐는 처녀」

이 비슷하기만 해도 목동으로서는 하늘이 내린 요행수다. 하지만 그게 쉬울 수는 없다. 소들은 우직우직 맛나게 풀을 잡수시고 계시지만, 아이들은 넌더리가 난다. 하니까, 소 먹이는 일, 그 고된 노동을 부드럽게 해줄 수단이 필요했다. 그래서도 짱치기가 태어난 것이다. 그야말로 '누이 좋고 매부 좋고'가 아니라 '소 좋고 목동 좋은' 일석이조의 방안이 발명된 것이다.

하지만 위에서 들여다본 대로 짱치기를 구태여 서구에서 비롯된 스포츠에 견주자면, 그건 영락없는 하키였다. 얼음판에서 하는 아이스하키를 닮았다고 해도 좋을 것이다. 한데 오늘날 남의 놀이이던 하키에 넋이 빠지는데도 저희 것이던 짱치기는 아예 나 몰라라 하고는 고개를 외로 틀고 있는 건

옳지 않다. 지금껏 그래 왔던 게 우리 몰골이었다. 그래서도 우리들 누구나 짱치기 작대기로 한 대씩 얻어맞아도 싼 게 아닌지 모르겠다.

하지만 하키의 닮은꼴로만 '짱치기'가 놀아진 것은 아니었다. 다른 모양의 놀이도 있었다.

이번엔 마을 안이나 바깥의 넓은 터가 경기장이 된다. 한 사오십 발자국은 더 되게, 앞쪽의 땅바닥에다 금을 그으면 그게 골라인이 된다. 두 패나 두 사람이 짱치기 공을 작대기로 쳐서 어느 편 또는 누가 먼저 금을 넘어서 골인하게 만드는가를 겨루는 '또 다른 짱치기'도 있었다.

하지만 아무리 시골 산언덕을 찾아가도, 아니면 넓은 풀밭을 찾아가도, 이제는 소가 없듯이 짱도 없고 짱치기도 없다.

어디로 간 걸까? 이제 글로벌리즘인지 뭔지 하는 시대 풍조를 타고, 하키는 해도 짱치기는 아주 영영 어디론가 쳐서 날려 보내고 말았다. 그러자니 이별을 고할 틈도 없이 아득한 곳으로 자취를 감추고 말았다. PC게임이니 뭐니 그 비슷한 것에 넋을 빼앗기다 보니, 겨우 방구석과 책상머리가 운동장이고 놀이터가 되고 말았다. 그나마도 혼자서 논다. 그건 짱하지도 않고 짱짱할 수도 없다. 그래서도 짱하고 짱짱하던 놀이, 그 짱치기가 그립다.

제기차기

'정월, 이월, 삼월, 사월……' 세월 가는 것을 세고 있는 게 아니다. 누가 달력을 뒤척이고 있는 것도 아니다. 그렇다면 대체 무슨 소릴까? '정월, 이월, 삼월, 사월……' 그 소리가 미처 그치기도 전에, 철썩! 뭔가가 소리를 내며 땅바닥에 떨어진다. 다른 아이가 그걸 주워 발로 차면서 다시 '정월, 이월, 삼월, 사월, 오월, 유월, 칠월, 팔월, 구월, 시월, 십일월, 십이월, 일 년!' 이렇게 일 년을 채운다.

한데 일 년을 채운 것에 이어서 다시 차기를 계속한다. '정월, 이월, 삼월, 사월, 오월……' 그쯤 하는데, 발로 차고 있던 것이 툭! 흙바닥에 떨어진다.

그렇다. 이게 바로 제기다. 제기차기하는 그 제기다.

한데 제기가 뭘까? 요즘 소년들은 제대로 알 것 같질 않다. 발로 노는 무슨 장난감이려니, 그렇게만 짐작하는 게 고작일 것 같다.

제대로 된 제기는 문종이로 싸서 만든다. 동그란 밑받침 위에 짐승 털 같기도 하고 좀 굵은 실오라기 같기도 한 것이 수북 붙어 있다. 손으로 던지면 제법 날렵하게 하늘을 날 것 같은 맵시가 여간 멋진 게 아니다.

그 꼴이며 속내를 조금 더 자상하게 살펴보자. 밑받침이 동그란 것은 안에 엽전이 싸여 있기 때문이다. 엽전을 문종이나 얇고 연한 그러면서도 질긴 종이로 두세 겹 싸매되, 엽전 구멍으로 그 종이 끝을 솎아 낸다. 그런 다음 그 엽전 구멍 바깥으로 해서 위로 솟아 있는 종이를 가느다랗게 몇 가닥으로 잘게 찢어서 자른다. 그 길이를 알맞게 조절해서 다듬으면, 그것으로 제기가 완성된다.

그러나 엽전이 없을 때는 '까팡돈'을 이용하기도 했다. 질그릇 조각을 엽전 모양으로 다듬은 게 까팡돈인데, 아이들은 이걸로 소꿉놀이할 때 물건 사고파는 흉내를 내기도 했다. 그러면서 돈이 소중하다는 것, 귀하고 요긴하게 간직하고 써야 한다는 가르침을 은근히 익혔다. 아이들이 이 까팡돈을 가지고 놀아도 어느 누가 그걸 위조화폐라며 나무라거나 흉보지 않았다. 구

엽전을 문종이로 싸맨 뒤 엽전 구멍으로 종이
끝을 솟아 내 만드는 것이 전통적인 제기다.
그걸 여러 번 오래 차는 걸로 겨루는 놀이가
제기차기다.

멍가게에 가지고 가봐야 주인 할머니의 눈을 속여 눈깔사탕 하나도 손에 넣을 수 없을 게 뻔했기 때문이다.

그런 까팡돈으로도 제기를 만들었으니까, 결국 제기에는 엽전 제기와 까팡돈 제기의 두 종류가 있었던 셈이다.

옛날 같으면 마을 안 골목이나 마당, 또는 길거리에서 흔히 볼 수 있었던 게 제기 차는 모습이었다. 하지만 굳이 제철, 제 시기를 가리자면 설날과 대보름날에 보다 흥성하게 왕창왕창 놀아진 게 다름 아닌 제기차기였다.

제기를 차기로는 아주 먼 옛날 같으면 짚신, 가까운 옛날 같으면 고무신이나 드물게는 운동화가 안성맞춤의 도구였다. 그 어느 신발이든 간에, 오른발 신짝의 안쪽과 발등 사이에 조금 두꺼운 종이를 받쳐서 깔면 준비 완

제기차기는 일 년 열두 달, 두루두루 세월이 복되게 지나가기를 축수하는 의미를 담고 있다. 두 자매가 안 차기로 제기를 차고 있다.

료! 이제 제기차기가 시작된다.

무릎은 바깥으로 발은 사타구니 안쪽으로 굽혀지게 올려 차면서 종이를 받친 신발 안쪽으로 제기를 찬다. 한 번 차서 제기가 위로 솟구칠 적마다, 큰 여치처럼 날아오를 적마다, '정월, 이월, 삼월…… 십이월……' 하고 달 수를 세면서 찬다. 왼발로 버티고는 오른발은 오르락내리락 하니까, 몸이 흔들리기 쉽다. 그래서도 절로 비틀대면서 차게 되는데, 발로 제기를 빗맞히거나 바람에 제기가 날리기라도 하면 도리 없이 몸을 이리저리 돌려대면서 더 한층 비틀대게 마련이다. 그러다 제기꾼이 발을 못 맞추어 땅바닥에 제기가 떨어지면 그걸로 제기차기는 중단된다.

네 번 찼으면 4월, 여섯 번 찼으면 6월…… 그런 식으로 차기를 계산하는데, 말할 것도 없이 달수를 많이 채운 쪽이 이기게 되어 있다. 잘 차는 재주꾼은 12월, 곧 1년을 넘겨 2년을 채우도록 차내기도 했다. 한데 일대일로 두 사람이 겨루기만 하는 것은 아니다. 여러 아이들이 서로 편을 갈라서 겨룰 때는 전체 패거리가 찬 달수를 합산하게 된다.

제기를 차는 데는 몇 가지 방법이 있다. 보통은 앞에서 보았듯이 오른발의 등 안쪽으로 차곤 했다. 이 방법을 '안 차기'라 불렀는데, 이와는 반대로 발등 바깥쪽으로 차는 것은 '바깥 차기'라고 불렀다. 이건 매우 어려웠다. 무릎이 사타구니 쪽으로 꺾어지게 하는, 이른바 안짱다리로 제기를 차자니 여간 까다로운 게 아니었다. 발등 바깥은 무엇보다 무릎을 굽혀서 위로 차올리기가 만만치 않기 때문이다. 억지로 바깥 차기를 하다 보면 절로 비틀대다 넘어지기 일쑤였다. 대개가 4월, 5월을 넘기지 못했다.

이와는 달리 '발등 차기'도 곧잘 하곤 했다. 무릎을 위로 굽혀 올리는 여세를 이용해 발등으로 차는 것인데, 그 모양새는 마치 서커스 놀이를 하는 것처럼 보였다.

또 다른 종류로는 '맴돌며 차기'라 할 만한 것이 있었는데, 제기를 아주 높게 차올리고는 그것이 땅에 떨어지기 전에 몸을 한 바퀴 돌려서는 다시 차올리기를 계속하는 방식이다. 철썩 차올리면 제기는 하늘하늘 하늘을 날고, 제기꾼 아이의 몸은 뱅글뱅글 땅바닥에서 돌아치는 모양이 여간 날렵한 게 아니었다. 그것은 광대놀이나 다를 게 없었다.

또 있다. 오른쪽 무릎이 사타구니 안쪽으로 꺾인 안짱다리를 한 데다 왼

쪽 무릎이 사타구니 안쪽으로 꺾인 곱장다리를 하고서 두 다리의 바깥 발등
으로 번갈아 차는 재주도 부리곤 했다. 어정어정! 절뚝절뚝! 그런 꼴로 하
는 제기차기는 정말이지 우스꽝스럽기도 재미 있기도 했다.

　이런 게 제기차기 놀이인데, 왜 하필 설날을 골라서 많이들 찼을까? 그
것은 제기차기를 '정월, 이월……' 하며 달수로 셈하는 것에서 답을 찾을
수 있을 것이다. 정월 초하루의 설은 말할 것도 없이 새로운 한 해의 시작이
다. 그 시작을 제대로 꼽게 해서는 일 년 열두 달, 두루두루 세월이 잘 지나
가기를, 복되게 지나가기를 바라는 놀이가 다름 아닌 제기차기였던 것이다.
그러니까 그것은 놀이이면서도 축수祝手, 곧 비는 일이고 축하하는 일이었던
것이다. 놀이라지만 사뭇 거룩하고 또 뜻이 깊었던 것이다.

　서서 발로 차되, 마음으로는 허리 굽히고 고개 조아려서는 두 손 모아 빌
고 또 비는 것이나 다를 바 없는 '거룩한 놀이', 또는 '빌기의 놀이'였던 것
이다.

　하지만 오늘날 아이들의 놀이에는 그런 게 있을 것 같지 않다. 삶의 의미
며 보람과 맞맺어진 놀이, 그런 것은 잊은 지가, 아니 내버린 지가 너무나
오래되었다. 섭섭한 일, 마음 아픈 일이 아닐 수 없다.

자치기

쳐라, 쳐라, 힘껏 쳐라!
날려라, 멀리로!
달려라, 뛰어라!

같은 편의 응원 소리가 요란한 가운데, 한 아이가 줄이 그어진 출발점에 선다. 어깨 높이로 올린 왼손 끝에 작다란 꼬챙이가 곧추세워져서 잡혀 있다. 기다란 작대기를 잡은 오른손이 그 꼬챙이를 겨냥하고 있다.

딱!

오른손이 날쌔게 움직여서는 들고 있던 자로 왼손에 들린 꼬챙이를 힘껏 친다. 이건 공치기가 아닌 자치기다.

와!

터지는 아우성에 밀려서는 꼬챙이가 하늘을 날아간다. 근 스무 발자국쯤 떨어진 곳에 서로 앞뒤며 좌우를 달리해서 진을 치고 있는 서너 명의 상대방 수비진 앞에 꼬챙이가 떨어진다. 그들이 그걸 주워서는 먼저 진지 또는 진터로 뛰어든다.

'죽었다!'

진지는 야구로 치면 홈 베이스고, '죽었다'는 말은 아웃되었다는 뜻이다.

한데 꼬챙이는 수비진의 머리 위를 지나서 더 멀리에 떨어질 수도 있다. 그러면 친 쪽에서는 무사히 진지까지 내달을 수 있다.

'살았다!'

그걸 막아서 죽게 하자면, 수비진은 머리 위를 지나가는 꼬챙이를 손에 잡고 있는 자로 쳐서는 땅에 떨어뜨리거나, 아니면 손으로 직접 낚아채야 했다. 그러면 공격수는 죽고 만다. 야구로 치면 '플라이 볼'이 상대 팀 글러브에 잡혀서 아웃이 되는 꼴이다.

이쯤만 보아도 옛날 아이들의 자치기가 오늘날의 야구와 비슷하다는 것을 알아보게 될 것이다. 하지만 누군가가 일부러 야구 흉내를 내서 자치기를 생각해낸 것인지, 아니면 우연찮게 야구와 닮게 된 것인지 그건 알 수가 없다.

한데 실제로는 야구를 닮은 데가 또 있다. 1번 타자가 자를 쳐서 첫째 진지(진터)로 나가 있을 때 2번 타자가 자를 한껏 쳐 수비진을 넘겨서 날려 보내게 되면, 1번 타자는 두 번째 진지를 통과해서는 출발점으로 되돌아온다. 그래서 보기 좋게 '홈인'하고는 점수를 따는 것이다. 물론 공격과 수비를 두 편이 정해진 횟수만큼 번갈아서 하게 되면서 점수가 쌓이게 되고, 그로써 이기고 지는 판가름이 나는 것도 마찬가지다.

그러나 자치기가 이처럼 '진지 돌기', 이를테면 '베이스 통과'로만 행해지는 것은 아니다. 두 사람이나 두 패가 서로 어느 쪽이 보다 더 멀리 쳐내는가를 두고 겨루어서 자치기를 할 수도 있다. 이런 경우라면 '홈런 겨루기'를 하는 것과 마찬가지다. 이것은 '멀리 자치기'라고 해도 좋을 텐데, 주로 시골의 한가한 길거리에서 하곤 했다. 세 번 정도, 횟수를 정해놓고 상대방보다 더 멀리 쳐내는 편이 이기게 되어 있었다.

이렇게 두 가지로 노는 자치기는 무엇보다 통쾌하다. 속이 후련하고 마음이 트인다.

딱!

꼬챙이를 후려치는 그 소리가 우선 귀에서 곰상곰상하다. 그 울림과 함께 횅하니 날아가면서 꼬챙이가 그리는 포물선이 시원하다. 그 선에 맞추듯이 내달리는 것 또한 상쾌하다. 야구로 치면 통쾌한 안타가 되는 셈이다. 마음의 응어리가 풀린다. 요즘 말로 하자면 스트레스가 날아간다. 한데 지금은 자치기라는 그 이름조차 듣기 힘들게 되었다. 야구는 즐겨 해도 자치기는 '아웃'당한 지가 오래다.

비사치기 1: 발, 무릎, 가슴으로

던져라, 왈칵!

맞춰라, 찰칵!

번쩍, 불꽃도 튄다.

돌과 돌이 맞부딪친다.

이렇게 신바람 피우면서 즐기는 놀이, 그게 '비사치기' 혹은 '비석 치기'다. "아이들 놀이의 하나. 돌을 비석처럼 땅바닥에 세우고, 돌을 던져서 넘어뜨리거나, 발로 차서 맞혀 넘어뜨림."『국어사전』에서는 이렇게 간단히 뜻매김을 하고 있지만, 그렇게 말해서는 비사치기의 온전한 모양새를 고루 또 두루 드러내 보일 수가 없다. 그야말로 간에 기별도 못 갈 것이다.

비사치기를 하려면 우선 이쪽저쪽의 땅바닥에 금을 긋는다. 이쪽은 아이가 서서 비석을 향해 돌을 던지거나 비석을 향해 전진할 출발점이다. 이쪽에서 열 걸음 남짓한 저쪽의 맞은바라기의 금에는 비석을 세워 둔다. 이렇게 해서 비사치기 판이 갖추어지면, 이제부턴 작전 개시! 아이들은 편을 갈라 게임을 겨루게 된다.

한데 그 절차며 가지 수가 원체 많아서 여간 복잡한 게 아니다. 아이들의 놀이나 게임 치고는 제법 만만치 않다. 절차 가운데 첫째 것은 다른 것에 비해서 간단하다. 이쪽 금에서 돌을 던져 맞은편의 금에 곧추 세워진 비석을 맞혀 쓰러뜨리면 된다. 비석은 그 이름이 이미 말해주듯이 조금은 길죽하고 납작한 돌이라서 겨냥해서 맞히기가 비교적 쉽지만, 거리가 있고 보니 언제나 백발백중으로 어김없이 맞힌다고는 장담할 수 없다.

비사치기는 온몸 놀이라 할 만하다. 몸 전체
를 움직이며 놀면서 겨룬다. 한 아이가 무릎
과 가슴에 얹힌 돌로 비사치기를 하고 있다.

　아무튼 처음 차례인 '던져 맞히기'에 성공하면 다음 차례가 기다린다. 이
번엔 비석 앞에다가 돌을 던진다. 그런 뒤에 깨금발로 뛰어가서는 외발로 선
채로 돌을 차서는 비석을 맞혀야 하는데, 비슷한 방식으로 삼 단계를 거치게
되어 있다. 돌을 던지되, 비석과의 사이에서 세 발 뛰기, 두 발 뛰기, 한 발
뛰기 할 만큼의 간격을 두고 던져서는 외발로 비석을 맞혀야 한다.

　이걸 모두 성공하면 다음 세 번째부터는 한결 더 까다로워진다. 이 대목
은 바로 비사치기의 백미白眉, 이를테면 가장 그럴싸한 절차다. 비사치기의
왕좌와도 같은 절차다. 물론 지금까지의 과정에서나 다음 차례에서, 한 절
차라도 잘못되면 상대 팀에게 공격의 기회가 돌아가게 되어 있다. 그러니

차례를 상대 팀에게 넘겨주지 않기 위해서라도 기를 쓰게 된다.

세 번째 차례는 그 자체로도 여러 토막이 있게 되는데, 모두 합치면 자그마치 일곱 가지나 된다. 그 일곱 토막은 발등에서부터 시작해서 무릎, 가슴, 어깨, 턱, 그리고 머리와 등에 따라서 차례로 치러진다. 온몸의 부분 부분이 아래에서 위로, 그리고 앞과 뒤로 순서를 맞추어서 놀이에서 요긴한 구실을 맡는다. 그러니까 비사치기는 '온몸 놀이'라 할 만하다. 이건 매우 강조되어도 좋을 것이다. 몸 전체를 움직여서 놀고 겨루고 하니까. 아이들의 육신의 건강과 발달에 크게 이바지하게 될 테니까.

그뿐만 아니다. 손과 발을 비롯해서 머리며 등이며 그 밖의 온몸의 제대로 된 본래의 역할이며 구실을 아이들은 자신도 모르게 깨우치게 될 것이다. 온몸이 전체로 어울려서 구실을 다하는 것을 깨달으면서 아이들은 각자의 몸을 전체로 하나가 된 통일체로서 느끼게 될 것이다. 그것은 '자기 깨달음'이나 다를 바 없다.

셋째 절차의 처음은 발등을 이용한다. 한쪽 발등에 돌을 얹고는 앙금앙금 비석 앞까지 걸어가서는 발로 돌을 내친다. 철썩! 비석을 맞히게 되면, 점수를 딴다. 그다음은 무릎이 구실을 맡아 나선다. 무릎 새에다 돌을 끼면, 두 발끝은 절로 좌우로 어슷하게 벌어지면서 'ㅅ' 자 모양이 된다. 그 이상 야릇한 꼴로 어기적어기적 걸음마를 치면서 비석을 향해 나아간다. 돌이 맞물리고 있는 양쪽 무릎의 뼈마디가 아리지만 꾹 참는다. 그러고는 바싹 다가가서는 무르팍을 삐죽 내밀며 후다닥 벌려서 돌을 비석 위에, 찰칵! 맞혀 떨어지게 한다.

그러고 나면 이제 돌을 주워 출발점으로 되돌아간다. 돌을 가슴팍에 앉힌다. 허리를 잔뜩 뒤로 젖히고는 돌을 온 가슴으로 떠받쳐야 한다. 등짐 아닌 가슴짐을 지게 되는 셈. 그런 꼴로 아장아장 앞으로 걸어 나가 표적인 비석에 바싹 다가선다. 그러고는 훌쩍! 가슴과 배를 날쌔게 올려 세우면서 돌을 떨어뜨린다. 찰칵! 돌은 비석 돌에 명중하도록 떨어져야 한다.

비사치기2: 어깨, 턱, 머리 그리고 등으로

이젠 어깨 차례다. 어느 쪽이든 어깻죽지에다 돌을 얹고는 비석 돌 앞까지 걸어간다. 그냥 어깨 위에 슬쩍 얹힌 돌이라 조금만 흔들려도 땅에 떨어지고 만다. 그래서는 돌이 놓인 어깻죽지를 으썩 올려 세우고는 조심조심 걸어 나가야 한다. 이번에도 마찬가지로 비석 돌 바로 앞에 멈춰 서서는 어깨의 돌을 떨어뜨린다.

어깻죽지가 조금만 흔들려도 돌이 떨어지는 판이라 제대로 겨냥해서 바로 맞히기란 쉽지 않다. 그러다 보니 돌이 비석 돌을 피해서는 맨바닥에 나가떨어지기 일쑤다. 그럴라치면 "죽었어!" 상대방이 소리치면서 공격에 들어선다.

실수하지 않고 제대로 맞혔다면 다음 차례로 넘어간다. 발등, 무릎, 가슴, 어깨의 차례가 지나갔으니 이젠 턱이 나설 차례다.

턱과 목 사이에 비석 돌을 끼운다. 돌을 목줄기로 받치고는 턱주가리, 곧 아래턱으로 꽉 눌러 붙인다. 그러면 고개는 절로 갸우뚱하게 숙여질 수밖에. 그 꼴로 비틀비틀 앞으로 나아가서는 비석 돌 바로 위에서 목과 턱 사이에 낀 돌을 떨어뜨린다. 갈쭉한 비석 돌에 명중시켜야 한다.

하지만 천신만고, 갖가지 고생을 치르고도 아직 멀었다. 또 다른 차례가

기다리고 있다. 이번엔 머리꼭지 위에 돌을 얹는다. 돌을 떠 이고 있는 꼴이 된다. 그런 걸음으로 걷노라면 몸의 움직임에 따라서 머리가 조금씩 흔들리고, 그것 때문에라도 돌이 달랑댈 수밖에 없다. 해서 몸을 바르게 가누어야 한다. 마치 장대처럼 곧추서서는 조심조심 걸어 비석 돌 앞까지 나아가야 한다. 그러고는 고개를 숙이는 것과 동시에 머리끝에서 떨어지는 돌이 비석 돌을 맞히도록 해야 한다. 고개로 겨냥을 하니까, 앞에서 말한 다른 차례보다는 상대적으로 쉬울지도 모른다.

그러고 나면, 드디어 마지막 차례로 등허리가 주역 노릇을 맡아낸다.

엉덩이를 맞은편 비석 돌을 향하게 해서는 출발점에 선다. 손을 돌려서는 등허리에다가 돌을 올려놓는다. 비석 돌 쪽으로 굽혀진 허리 탓에 뒤로 쑥 흉하게 내밀린 엉덩이가 보기 민망하다. 그런 꼴로 엉금엉금 뒷걸음질을 친다. 보기에 따라서는 곱사등이처럼 보이기도 할 것이다. 가랑이 사이로 앞을 내다보는가 하면 고개를 돌려서 살피기도 하면서 엉거주춤한 꼴로 뒷걸음을 계속한다.

그리고 발뒤꿈치가 비석 돌에 닿을까 말까 해지면, 조심조심 겨누어서는 등을 일으켜 세운다. 주르르! 등판을 미끄러져 내리던 돌이 드디어 비석 돌 위에 정통으로 떨어진다.

이로써 일단락이다. 발등에서부터 시작해 무릎, 가슴, 어깨, 턱, 머리를 거쳐서 등허리까지…… 자그마치 일곱 차례에 걸친 비사치기는 이렇게 한 판이 끝이 난다.

고생 끝에 드디어 낙이 찾아든다. 비사치기는 두 아이끼리 놀 수도 있고, 두 패거리가 서로 겨룰 수도 있다. 두 아이끼리일 때는 가위바위보로 정한 뒤에 먼저 나선 아이가 실수하게 되면 다른 아이가 차례를 이어받게 된다.

그렇게 번갈아서 치기를 하게 마련이다.

　두 패거리가 맞겨룰 때도 가위바위보로 순서를 정한다. 한 패가 두 사람인 경우에는 첫 번째가 어느 절차에서 실수했다면 바로 그 차례를 다음 아이가 이어서 맡게 된다. 둘 다 실수하면 물론 순서는 상대 팀에게로 돌아가게 된다.

　이렇게 대충 살피는 것만으로도 비사치기는 여간 복잡하고 까다로운 놀이가 아님을 알게 될 것이다. 소년의 놀이 가운데서는 가장 지능적이고 가장 까다로운 것이 아닐 수 없다. 그런 면에서 비사치기는 아이들의 놀이 가운데서 아주 두드러져 보이게 마련이다. 지금 세상에서 어느 아이들의 놀이 가운데서도 이런 모습은 찾아보기 어렵다. 온몸의 부분 부분을 고루고루 꾀부려서 노는 놀이가 있을 것 같지 않다. 그래서는 몸의 어느 부분의 근육이 시드는 사이에 아이들 놀이도 찌들고 있는 게 아닌지 모르겠다. 소년들 마음도 주눅이 드는 게 아닌지 걱정이다.

시차기

　'시차기'는 땅과 하늘 사이에서 논다. 어마어마하게도, 천지간의 놀이인 셈이다. 땅에서 출발해서는 하늘나라에 들어가는 것으로 시차기는 결말이 난다. 하늘을 두고서 두 편 또는 두 소녀가 맞겨루고는 결판을 낸다.

　시는 돌이다. 동글납작하고도 얄찍한 돌멩이가 좋다. 그렇지만 그걸로 하늘을 겨누다니, 그래서는 하늘에 맞닿게 하다니? 무슨 돌팔매질인가 싶지만 그렇지는 않다. 시를 차서 하늘에 넣는 것이니 돌팔매질과는 모양새가 다르다. 한데, 돌을 차서 하늘에 넣다니? 어떤 뛰어난 축구 스타라도 그건 어림없는 일일 텐데? 그러나 사연이며 속내야 어떻든 간에, 시차기가 땅에서 시를 차기 시작해서는 중간 단계를 거쳐 마침내 하늘에다가 시를 차 넣는 것만은 틀림없다.

한데 이렇게 풀이를 하다 보니, 시차기의 정체가 점점 더 아리송해지고 마는 게 아닌지 모르겠다. 그러니 이제 도표를 보면서 차근차근 궁금증을 풀도록 하는 게 좋을 것 같다.

우선 아래 도표를 자세히 들여다보는 게 좋겠다. 세로로 네 칸 가로로 세 칸을 그리면 전체로는 열두 개의 칸이 그려진 직사각형 모양이 된다. 그 가운데 제일 왼쪽 칸의 맨 윗 칸에는 X자가 그어져 있다. 이게 바로 시차기의 칸막이인 셈인데, 이들 열두 개의 칸마다 시를 차례차례로 차 넣으면서 앞으로 앞으로 나아가는 것이 곧 시차기의 절차다.

세로로 맨 오른쪽의 맨 앞칸 바로 밑에는 마름모꼴이 그려져 있는데, 이것이 바로 출발점이 되는 '땅'이다. 그리고 세로로 맨 왼쪽 칸의 맨 꼭대기 칸 바로 위에는 타원형이 그려져 있는데 여기가 바로 '하늘'이다. 이게 다름 아닌 '시차기의 하늘과 땅'이다. 땅은 시발점 또는 출발점이고, 하늘은 종착점 또는 종점이 되는 셈이다.

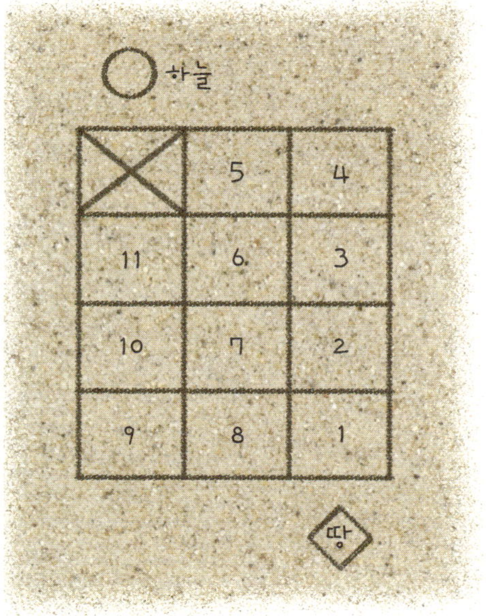

땅에서 시를 바로 그 앞 칸에 던진다. 그리고는 깨금발로 그 칸에 풀쩍 뛰어들어서는 시를 차서 그 앞의 칸에 차 넣는다. 마찬가지로 1, 2 칸을 넘기고 3, 4 칸을 차례로 거쳐서는 왼쪽으로 꺾어진다. 그리고 세로로 나 있는 둘째 칸을 위에서 아래로 차례차례 시를 차 넣고는 깨금발 뛰기를 한다. 그렇게 맨 아래 칸에 닿으면 오른쪽으로 꺾어진다. 그런 다음에는 위를 향해서 세로로 난 칸에 차례로 시를 차 넣으면서 올라가는데, 그 네번째 칸, 곧 X자가 그려진 칸은 시를 차서 넘겨야 한다. 그런 뒤에 맨 위의 타원형으로 그려진 하늘로 시를 차서 넣어야 하는 것이다.

이처럼 첫 칸에서 열한 번째 칸까지, 차례로 깨금발로 돌을 차면서 옮기게 되는데, 그 열한 번째 칸에서 까다로움을 겪게 되어 있다. X자가 그려진 열두 번째 칸을 통과시켜서 시를 하늘에 차서 들여놓아야 하기 때문이다. 그런 과정이 무사히 끝나면, 열한 번째 칸을 넘어서서는 X자의 위아래 그리고 좌우의 좁은 네 칸을 풀쩍풀쩍 뛰어넘게 되어 있다. 처음의 아래 칸에는 두 발을 맞추어서 뛰어든다. 좌우로는 왼발 오른발이 각기 껑충하니 밟게 되어 있다. 그러고는 바로 윗 칸에는 또 두 발을 합쳐서 풀쩍 뛰어들게 마련되어 있다.

그렇게 X자를 뛰어 넘고서 앞서 이미 시가 놓여 있는 하늘에 펄쩍 뛰어드는 것으로 시차기는 끝난다. 한 판이 보기 좋게 성공리에 끝나는 것이다. 하지만 언제나 탈 없이 끝낼 수는 없다. 첫 칸에서 열한 번째 칸까지 한 칸씩 시를 차례차례 차 넣어 가다가, '아차!' 칸을 넘기거나 칸 밖으로 돌이 나가게 되면 게임 원칙에 어긋나게 되고 그래서는 차기를 그만두어야 한다. 상대편에게 차례를 넘겨주고는 다음 제 차례가 오기까지 기다려야 한다. 그래서는 몇 차례 번갈아야 한다. 그러다가 드디어 열한 번째 칸을 모두 다 넘겨차게 되어야, '얼쑤!' 시를 대굴대굴 굴리고 뛰게 해서 하늘에까지 보기 좋게 차 넣게 된다.

이렇게 해야 천신만고, 온갖 고생 끝에 한 판을 이기게 되는 것이지만, 그게 단판에 되기는 쉽지 않다. 첫 번째 차기에 실수해서 차례를 상대방에게 넘겨주고는 상대방의 실수를 기다려서 다음 차례를 노려야 한다. 열두 칸을 다 뛰어 하늘에 맞닿기까지는 운수가 좋아야 두어 차례, 운수가 사납거나 기술이 달리면 서너 차례를 번갈아서 시차기를 해야 한다.

땅에서 하늘까지는 일 년 열두 달을 거쳐서 비로소 다다르게 된다. 그걸 열두 칸이 나타내 보인다. 하지만 꼭 열두 칸으로 정해져 있는 것은 아니다. 세로로 한 칸 줄어서 모두 여덟 칸으로 된 시차기 마당도 있다.

출발점인 땅을 나서 차례대로 칸 하나씩을 시를 차면서 가로질러 가다가, 세로로 오른쪽 칸의 맨 위에서 왼쪽으로 꺾는다. 그다음 아래쪽을 향해서 세 칸을 건넌 다음에 거기서 X자가 그려진 칸을 가로질러서 하늘에다 돌을 차서 들어가게 해야 한다. 그러고는 X자의 칸은 팔짝팔짝 뛰어서 넘되 앞에서 이미 말한 것처럼 하면 된다.

그런가 하면 시차기에는 또 다른 종류도 있다. 세번째 시차기가 어떤 놀이인가는 다음 도표가 말해준다.

이 도표 맨 아래의 땅에서 시를 앞으로 차되, 1에서 4까지 번갈아서 차례대로 시를 차서 넣는다. 매번 땅에서 펄쩍 뛰어들어서는 그때마다 하늘을 향해서 또 시를 차서 넣는다. 모두 네 차례에 걸쳐서 땅에서 하늘을 겨누는 시차기를 하게 된다. 물론 중도에서 시가 1, 2, 3, 4, 네 개의 빈칸에 제대로 들어가지 않을 때나 하늘에 제대로 들어가지 않을 때는 차례를 상대방에게 물리게 된다. 그리하여 이 세 번째 시차기에서도 앞서의 두 가지 시차기

와 다를 바 없이, 어느 쪽이 미리 정해진 횟수만큼 땅에서 하늘로 가게 되는가를 두고 겨룸이 벌어지는 것이다.

이렇듯이 출발점인 땅의 칸에서 종착점인 하늘에까지 가는 것은 '우주 공간의 여행'과 마찬가지다. 넓디넓은 공간, 끝도 없이 드넓은 공간을 거치고 거쳐서는 온 우주를 두루 지나서 가듯이 가는 게 시차기다. 그냥 단순히 재미로만 하는 놀이가 아니다.

스페이스 셔틀space shuttle이나 우주선을 타고 하늘을 가듯이, 시차기는 돌을 차면서 '우주여행'을 한다. 그런데 그런 놀이를 포기하다니, 너무 아쉽고도 아깝다. 무슨 중요한 것을 놓치고 만 것 같다. 그래서 요즘의 아이들은 기가 죽어 땅바닥에 웅크리듯 하고는 겨우 목숨을 지키고 있는 것인지도 모른다.

싸움이란
이름의 놀이

닭싸움

'소 닭 보듯이' 또는 '닭 소 보듯이' 하는 속담은 흔한 표현이었다. 멀거니 서로를 쳐다보고도 알은체 않는 사람들을 빗대어 하는 말이다. 보고도 본척만척하는 걸 두고 그렇게들 말해왔다. 몇 세대 전만 하더라도 닭과 소는 한 집 안의 뜰에서 함께 기르게 마련이었으니 노상 서로를 바라보게 되어 있었다. 한데도 서로의 관심사가 워낙 다르니 그 눈길도 서로를 향해 멍할 뿐이라는 걸 두고 하는 말이다.

예전의 농촌에서 닭은 가축 치고는 아주 친근한 편이었다. 그러기에 모이라도 주기 위해 부를 때, 아예 일부러 정해놓다시피 사람들의 입길에 오르내리던 소리가 있었다. '구구 구구구!' 하는 그 외마디. 이건 닭이 아니면 안 쓰는 소리다. 사람이 오직 닭과 의사소통할 적에만 쓰게 되어 있었다. 사람 입으로 내는 닭의 말인 셈인데, 참 묘하게도 닭은 이 말을 알아들었다. 그 사람 소리 따라서 닭들이 우르르 몰려들었으니 말이다. 그런가 하면 '워 워워!' 또는 '이랴이랴!'는 사람이 내는 '소의 말'이다. 사람들은 이런 말을 통해 천천히 가라거나 빨리 가라는 뜻을 소에게 전했다.

이렇게 그들에게 건네는 말이 따로 있을 정도로 닭과 소는 우리 한국인과 아주 가까웠다. 그러다 보니 소를 가지고 재미 보는 소싸움도 있었고 닭을 흉내 낸 닭싸움도 있었다.

닭싸움은 마치 수탉이 서로를 쪼듯이 싸우는 것을 흉내 내어서 놀았던 놀이인데, 아이들끼리 싸우는 닭싸움 말고 수탉이 정말로 힘겨루기를 하는 닭싸움, 즉 투계鬪鷄도 있었다. 아이들의 닭싸움과 수탉의 닭싸움이 따로 있었던 셈이다. 암탉이 보는 앞에서 '네가 잘났나, 내가 잘났다' 하고는 두 마리의 수탉이 맞겨루는 꼴은 그전엔 뜰에서나 마당에서 흔히 볼 수 있는 광경이었다.

수탉의 벼슬이 불길처럼 타오른다. 눈알은 부리부리하다 못해 총알처럼 금방이라도 튕겨져 나올 것 같다. 한껏 뻗어 올린 기다란 모가지, 약간 갸우뚱하게 기울인 고개, 뾰족하게 창날처럼 내민 부리…… 어느 것이나 완벽한 전투태세다. 그런 우락부락한 자세로 두 마리가 서로를 마주 보고 돌아친다. 꼭 레슬링 선수가 맞붙기 전에 상대방을 노리고는 뱅글뱅글 도는 모양 같다. 그러면서 '꼬 꼬 꼬!' 소리를 내어 상대방에게 겁을 주기도 한다.

기회가 왔다 싶으면 상대방에게 덤벼드는데, 그 모습이 보통 아니다. 날쌔고 벅차다. 여간 용감한 게 아니다. 꼭 작살이나 삼지창처럼 무섭게 생긴 두 발끝을 합쳐서는 서로 박찬다. 떠미는 정도가 아니다. 박치기하듯이 두 마리의 두 다리가 박살내듯 덤벼든다.

무릎 치고받기가, 또는 밀치기가 한동안 계속된다. 그 꼴은 영락없이 수탉의 싸움과 같다.

한동안 혈전이 벌어진 끝에는 진 쪽이 언제 대들었느냐 싶게 빨랑대면서 꽁무니를 뺀다. 이긴 자는 승전의 노래를, 마치 암탉들에게 들으란 듯이 싸움에 이긴 노래를 목청껏 불렀다. '꼬꼬댁 꼬꼬꼬!' 이게 수탉의 닭싸움이다.

하지만 닭들이 양계장에 갇히면서 그런 으리으리한 전투 장면은 못 보게 되었다. 모르긴 해도 양계장에는 아예 수탉이 있는 것 같지도 않다. 지금의 양계장 안, 닭들의 세상은 엄연한 여인 천하고 여성 공화국이다.

한데 닭싸움을 수탉만이 한 것은 아니다. 사내아이들도 즐겨 닭싸움을 벌이곤 했다. 이건 이를테면 '아이들의 닭싸움'이다. 장소는 마을 안이면 골목이거나 마당이고, 마을 바깥이면 한길이다. 물론 학교에서라면 쉬는 시간을 골라 운동장에서 결판을 내기도 했다.

한데 왜 아이들 놀이에 하필 닭싸움이라는 이름을 붙였을까? 그건 몸짓이나 맞붙는 모양까지도 진짜 수탉 싸움을 빼닮았기 때문이다. 우선 왼쪽이나 오른쪽 무릎을 꺾어서 다른 쪽 무릎 위에 갖다 대고는 양손으로 그 발끝을 움켜잡고는 외다리로 버텨 선다. 그걸로 전투태세는 완벽하게 갖추어진다. 인간 꼬마 수탉이 두 마리 생겨난 셈이다. 이렇듯 두 사람이 싸움판을 벌이는 수도 있지만 여러 사람이 같은 수로 편을 갈라서 맞붙기도 했다.

먼저 오른손으로 잡은 왼발 무릎을 우뚝 앞으로 높다랗게 내민다. 그러고는 마주 노려본다. 이글이글 눈빛도 탄다. 어깨가 우쭐대기도 한다. 그러곤 오른발로 경중경중 뛴다. 그러면서 서로 상대방의 둘레를 돈다. 이건 적의 형편을 알아보자는 것이다. 그러다가 결심한 듯이 와락 맞붙는다.

철퍽철퍽!

    와락와락!

두 무릎이 서로 부닥뜨린다. 창날끼리 맞부딪치는 것 같다. 맞부딪는 두 무릎 사이에서 눈에 안 보이는 불꽃이 튄다.

무릎 치고받기가, 또는 밀치기가 한동안 계속된다. 그 꼴은 영락없이 수탉의 싸움과 같다.

무릎 머리가 서로 박치기하는 것만이 아니다. 서로 무릎을 위아래로 올렸다 내렸다 하는데, 상대보다 더 높게 올려서는 무릎을 내리 밀치는가 하면 상대의 무릎보다 낮추어서는 무릎을 위로 치받기도 한다. 그 결과 상대가 흔들리다 못해 쓰러지면 이기게 되는 것이다.

한데 일대일의 싸움이 아니라 패거리의 싸움일 때는 좀 복잡해진다. 상대편에서 누구든 한 사람을 골라서 싸움이 붙게 되는데, 어느 편이든 상대방을 모조리 자빠뜨려 넘어지게 만들면 이기게 되는 것이다.

물론 누군가 상대편을 깡그리 다 쓰러뜨리고는 끝까지 혼자 살아남을 수도 있다. 그럴 때 그가 개선장군처럼 거드름을 피우게 되는 것은 당연하다. 자기편에서 한 사람을 골라서는 그 어깨 위에 올라타고는 기세등등 돌아치게 마련이었다.

그러기에 닭싸움은 사내다운, 여간 힘겨운 놀이가 아니었다. 하지만 재미도 솔솔 여간 아니었다. 힘을 겨루면서 스스로 힘을 기르고 신체도 단련시킬 수 있었다. 재미와 체력 높이기의 두 가지 보람이 함께했던 이 닭싸움도 이젠 그 모습을 찾기가 쉽지 않다.

도시에 뜰이며 마당이 없어지고 나니 닭도 사라졌다. 그러니 지금은 어느 누구도 수탉 우는 소리에 아침잠을 깨지 않는다. 대신 시끄러운 자명종 소리로 눈을 뜨게 마련이다. 하물며 닭이 없어지고 나니 덩달아서 아이들의 닭싸움 놀이도 없어지고 말았다.

깨금발 싸움, 깨금발 뛰기

아이들의 놀이는 각자의 몸을, 그 육신을 마음껏 활용한다. 머리부터 시작해서 어깨와 팔, 손이며 가슴팍과 허리, 그리고 다리와 발에 이르기까지 두루두루 십분 부려먹는다. 아이들의 사대육신, 그러니까 그 몸과 팔다리는 그대로 타고난 놀이기구요 만능 운동기구가 된다. 그래서는 근육이 오르고 살이 붙고 힘줄이 더 한층 굳세게 여물어 씩씩하고 건장하게 자라게 된다.

이 점은 요즘의 아이들이 꼼꼼히 생각해보아야 할 것이다. 컴퓨터의 마우스 클릭하기, 스마트폰 가지고 놀기 말고는 다른 놀이가 별로 없다시피 된 사정이 새삼 안쓰러워진다. 그러다가 몸이 제대로 자라게 될지 걱정이 태산이다.

옛 시절 아이들의 몸은 무엇이든지 해내는 만능 운동기구고 놀이기구였는데, 그런 중에도 팔다리는 더 한층 요긴한 구실을 맡아내었다. 말이 쉬워 그렇지, 뛰기만 해도 여간 별난 게 아니었다. 개울 건너듯이 크게 펄쩍 뛰기는 멀리뛰기를 겨룰 때 하게 마련이었다. 그런가 하면 시차기라도 할 때면 개구리 뜀박질하듯이 경중경중 뛰었다. 잡기 놀이를 할 때면 단거리 경주하듯이 내달리기도 했다.

그런데 두 다리 뛰기 말고 외다리 뛰기는 아이들이 고안해낸 좀 유별난 '다리 놀이'였다. 앞에서 본 닭싸움도 외다리 뛰기로 결판을 내는 놀이였으니, 그래서도 아이들은 제 몸을 가지고 재미있게 놀 줄 아는 놀이의 천재란 게 드러나게 된다.

호이징가J. Huizinga라는 인류학자는 인간을 '호모 루덴스Homo ludens', 곧 '놀이 인간'이라고 정의 내린 것으로 이름나 있는데, 이 말은 '인간은 놀이

를 함으로써 비로소 인간답다'는 것을 의미한다. 놀이야 말로 인간이 인간일
수 있는 본성이라는 것이다. 놀이를 하지 않으면 아예 덜 된 인간이라는 것
일까. 이를 '호모 파베르Homo faber'와 대비시키면 그가 놀이를 인간의 조건
으로 얼마나 요긴하게 생각했는가 헤아리게 된다. '호모 파베르'는 흔히 '공
작인工作人'이라고 번역하는데, 그것은 '인간은 손으로 무엇인가를 만들어냄
으로써 비로소 인간일 수 있다'는 것을 의미한다.

   '호모 파베르'의 측면에서 보자면 손으로 일하거나 물건을 만드는 것이야
말로 인간일 수 있는 요긴한 조건인데, 그것은 인간이라면 누구나 받아들일
것이다. 그렇듯이 우리는 '호모 루덴스'란 말에 기대어서 놀이 또한 중요한

깨금발 놀이는 서로 밀치고 받고 부딪치고 해
서는 상대방을 넘어뜨리는 놀이다.

인간의 조건임을 시인하게 된다. 인간이면 누구나 '호모 루덴스'이지만, 아이들은 그것을 실제로 증명해 보이고 있는 중에 외다리 뛰기를 특별히 만들어낸 것이다.

닭싸움 말고 또 다른 아이들의 외다리 뛰기는 '깨금발 뛰기'다. 요즘은 거의 들을 수 없는 이 '깨금발'이란 것은 뭘까? 발 하나의 뒤꿈치를 손으로 잡아 올린 것이 다름 아닌 깨금발이다. 왼발 뒤꿈치 같으면 왼손으로, 오른발 뒤꿈치라면 오른손으로 잡아 올리는데, 그러자면 무릎은 절로 앞으로 'ㅅ' 자 모양으로 꺾어지거나 굽어지게 마련이다.

그런 맵시로 노는 놀이는 두 가지로 나뉜다. 누가 더 빨리 내달리는가를 겨루는 단거리 경주가 그 하나다. 외발로 서 있는 데다 다른 쪽 발의 뒤꿈치를 손으로 움켜쥐고 있으니 그 자세는 심히 불안할 수밖에 없다. 그런 꼴로 뛰고 달리게 되는데, 뛰고 내달린다기보다는 껑충거리게 마련이라서 비틀대다가는 넘어지고 자빠지기 일쑤다. 잘해야 엉덩방아 찧고는 다시 일어서서 뛰기를 계속하게 마련이다. 그러자니 뛰고 넘어지고 넘어지고 뛰고 하기를 절로 되풀이하게 되어 있다.

또 한 가지의 깨금발 놀이는 서로 밀치고 받고 부딪치고 해서는 상대방을 넘어뜨리는 놀이다. 뒤꿈치가 잡혀서 앞으로 불쑥 내밀린 두 사람의 무릎 끝이 서로 앙앙대면서 승부를 가르게 되어 있다. 그러자니 겉모양새는 절로 닭싸움을 닮아 있다.

이제 요즘 아이들은 다리와 발을 놀이에서 빼버렸다. 다리와 발의 역할은 겨우 걷는 게 고작이다. 다리며 발이 심심하다고 투덜대는 소리를 들을 줄 알아야 할 텐데…… 글쎄 어떨까? 궁금하다.

팽이치기 싸움

돌아라, 돌아라,

뱅글뱅글 돌아라.

세차게 돌아서

호되게 부딪쳐라.

꼴좋게 쓰러뜨려라.

이런 노래를 부르면서 하는 놀이, 그게 팽이치기 싸움이다.

팽이는 나무를 깎아서 만든 나무 팽이다. 단단하고 야무진 참나무가 가장 좋은 재료다. 박달나무쯤 되면 최고급이다.

팽이의 전체 모양새는 원추형으로 되어 있다. 높이는 아이들의 손으로 한 뼘쯤이지만, 큰 것은 한 뼘 반도 넘는다. 위는 동그랗고 아랫부분은 뾰족하기 마련이다. 맨 아래 꼭지에는 흔히 쇠구슬을 박아서는 밑바닥이 닳는 것을 막고, 굳은 흙바닥에서도 미끄러지듯 잘 돌아가게 해놓았다. 윗부분의 평평한 면에는 소용돌이 모양의 무늬를 새기거나 그려 넣기도 했다. 자, 이걸로 팽이는 완성된다.

땅에다 대놓고는 두 손으로 팽이를 돌린다. 탄력을 받아서 돌아치는 팽이를 채로 친다. 약하게 두어 번 친 뒤를 이어서 강하게 두들겨 패듯이 치고 또 친다. 여세를 몰아서 팽이가 빠르게 소용돌이친다. 내려다보는 눈알도 돈다. 치고 또 치고 연신 쳐대면 팽이는 뱅그르르 기를 쓰며 돌도 또 돈다. 거기 더해서 찰싹 다시 또 치면, 팽이는 저만큼 퉁기듯 뛰어서는 더욱 세차게 돌아친다. 그 재미가 여간 아니다. 팽이채를 하늘에다 대고는 휘둘러댈

라치면, '휙휙!' 팽이는 허공에서 도는 팽이채와 합세라도 한 듯이 더 한층 가속도를 높인다.

하지만 이것만은 아니다. 다른 방도가 또 있다. 그게 바로 팽이치기 싸움이다. 제각각 혼자서 팽이를 돌리던 끝에 두 아이가 마주 보고는 문득 싸움붙이기를 하기로 한다. 우선 두 아이가 서로 제 팽이를 기운차게 돌게 만든다. 그러다가 팽이의 거리를 좁힌다. 한 아이가 제 팽이에다 채질을 해서는 상대방 팽이와 충돌하게 만든다. 드디어 팽이끼리 싸움이 붙는다.

꽈당! 쾅쾅! 두 팽이는 서로 씨름이나 붙듯이 겨루고 겨룬다. 미리 약속한 대로 두 아이가 번갈아 가면서 채찍질을 해대면 팽이끼리의 싸움은 격할 대로 격해진다. 무섭게 돌아치는가 싶으면 곧장 상대방을 향해 달려든다. 다시 또, 쾅쾅! 꽈당! 그러다가는 서로 비틀비틀한다. 마침내 어느 한쪽 팽이가 견디다 못해 꼬꾸라질 때까지 싸움판은 계속된다. 계속 돌아치는 제 팽이에다가 더 한층 강하게 채질을 하면서 승리의 함성을 지르게 될 때까지.

이런 신나는 정경! 그건 옛날 같으면 마을의 마당에서 또는 고샅에서, 아니면 마을 바깥 길거리에서 자주 벌어지던 광경이었다. 그래서는 거리가, 마당이, 그리고 고샅이 떠들썩했었다. 무슨 축제 마당 같았다. 하지만 이제 팽이는 영영 서고 말았다. 아니, 그렇게 직접 깎아서 쇠구슬을 박아 만든 팽이는 자취를 감추고 말았다. 그래서는 팽이치기 싸움은 기억 저 너머로 까마득하게 사라지고 말았다.

수수께끼, 그 하고많은 종자들

수수께끼는 말장난이고, 말로 하는 겨루기고, 싸움이다.

"알아맞혀 봐!" 물음을 던지면, "애개! 그것도 모를까 봐!" 하며 척척 맞히는 수도 있지만, 모르겠다고 고개를 내저을 때도 있다. 수수께끼는 말과 말을 물면서 묻고 풀고 하는 놀이다.

"가시 안에 매끈매끈, 매끈매끈 안에 시금털털, 시금털털 안에 맛나는 것은 뭐게?"

"그야 뻔하지. 밤이지."

"가죽 벗기고 수염 깎고, 살은 먹고 뼈는 버리는 것은?"

"체, 그것도 모를라고. 뭐는 뭐야, 옥수수지."

이렇게 주고받는 수수께끼는 해답이 될 그 어떤 물건의 모양새를 문제 삼고 있다. 그 모양 하나하나가 뭔가 다른 것에 견주어지면서 물음이 만들어진다. 이건 비유법의 수수께끼라고 해도 좋을 것이다.

"갓 쓰고 때때옷 입은 새는 무슨 새?"

"수탉."

"거꾸로 서서 다니면서 검은 똥 싸는 건 뭐게?"

"붓."

"걸어가면서 길바닥에 도장 찍는 것은 뭐냐?"

"지팡이."

이들 세 가지는 모두 비유법의 수수께끼다. 그런데 다음 것은 그 성질이
다르다.

"고개는 고갠데 보이지 않는 고개는 무엇?"
"흉년 든 보릿고개."
"금은 금인데 먹을 수 있는 금은 뭐게?"
"소금."
"날지 않고 기는 제비는?"
"족제비."
"날아다니는 꼬리는 무엇이냐?"
"꾀꼬리."
"끓여서 뜨거워도 차다고 하는 건?"
"마시는 차."

위의 다섯 가지는 모두 같은 소리를 내는 물건 혹은 동물을 빗댄 수수께
끼다. 소리의 수수께끼라고 불러도 좋을 것이다.

그러나 수수께끼의 종류는 이에 그치지 않는다.

"일 년 동안에 몇 길씩 자라는 풀은?"
"대나무."
"밑으로 먹고 위로 토하는 것은?"
"대패."

“입으로 삼키고 배로 싸는 것은?”

“우체통.”

이들 세 가지는 어떤 물건의 전체적인 모양이나 구실을 두고 만들어진 수수께끼다(수수께끼는 유안진의 『한국 고유의 아동놀이』(정음사, 1981)에서 인용).

수수께끼 놀이

앞에서 살펴본 것은 한두 세대 전의 아이들이 흔히 주고받았던 수수께끼다.

수수께끼, 그것은 말장난이고 말놀이고, 아울러서 말싸움이다. 아니, 말장난으로 노는 말싸움이라고 하는 게 더 옳을지도 모르겠다. 그러니까, 수수께끼는 몸놀림의 놀이와는 다르다. 몸이며 머리, 그리고 팔다리 하나 까딱하지 않고 입으로만 장난질하는 '입의 놀이'다. 그러면서 머리싸움을, 두뇌 싸움을 겸한다. 이를테면 'IQ 놀이'가 수수께끼다.

사람들은 평소 대화에서도 곧잘 말장난을 친다.

“기차 타고 부산을 가니 역에서부터 사람들이 부산스럽다.”

“커피 잔에 코피가 흐르니 커피가 코핀지 코피가 커핀지 알 수가 있어야지.”

말하자면 이런 식의 입 장난, 말장난을 치곤 한다. 그게 재미라서 입이 그만 놀이거리가 되고 만다.

일출원생원日出元生員[猿生原]

묘과서진사猫過徐進士[鼠盡死]

황혼문첨지黃昏文僉知[蚊簷至]

야출조석사夜出趙碩士[蚤席射]

위의 것은 김삿갓이 지은 「원생원元生員」이란 시다. 한데 순 말장난이다. 김삿갓은 그의 시에서 말을 자유자재로 가지고 놀아낸 시인이다. 말장난꾼의 시인이다. 그중에서도 위에 보인 시는 한층 더 돋보인다. 장난기가 승승하다 못해 등등하다. 한 줄 한 줄 따라 읽어보면 그 장난기에 배를 곧추 잡고 웃게 될 것이다.

'일출원생원'은 두 가지로 읽히게 되어 있다. "해가 나니 원元 생원께서 나타난다"가 그 하나다. 그런데 "해가 나니 원숭이[猿]가 들판에서 나타난다"로 읽히게도 되어 있다. 생원 벼슬하고 있다고 공연히 뻐기고는 나그네 깔보고 덤비는 원씨 성을 가진 사내를 시인은 아예 원숭이라고 비아냥거리고 있다.

둘째 줄의 '묘과서진사'도 겹쳐 읽히기는 마찬가지다. "고양이가 지나가니 진사 벼슬하는 서씨 성을 가진 사람이 나타난다"로 읽히는 한편, "쥐[鼠]가 모조리 다 죽는다"로 읽히게도 되어 있다.

셋째 줄에서는 첨지 벼슬하는 문씨가 놀림감이 된다. "해 질 녘에 문 첨지로구나"라고 읽히는 것과 함께, "모기[蚊]가 처마에 다다랐다"라고도 읽히게 되어 있다.

넷째 줄에서도 겹쳐 읽기가 통하기로는 마찬가지다. 석사는 벼슬 않고 있는 학문이 깊은 선비를 일컫는 말이니까, '야출조석사'는 "밤에 조씨 성을 가진 선비께서 나타난다"고 읽히게 되어 있다. 그런데 이때의 조석사蚤席射는 "이가 자리에 나타나 물더라"는 뜻이 되고 만다.

전체의 시에 걸쳐서 원元 씨는 원숭이 원猿, 서徐 씨는 쥐 서鼠, 문文 씨는 모기 문蚊, 조趙 씨는 이 조蚤가 된다. 말장난에 겹친 글자 장난으로 상대방을 꼴좋게 헐뜯고 있는 게 재미있다. 이야말로 김삿갓의 재치가 눈부신 대목이다. 이것은 그가 기지機智, 곧 위트가 뛰어난 천재임을 말하는 예가 되겠지만, 꼬마들은 꼬마들대로 그들의 수수께끼 놀이에서 비슷한 위트를 발휘하곤 했다.

갑이 먼저 묻는다. "밥도 밥도 못 먹는 밥은?"

을이 "톱밥"이라고 풀고는, 잇대어서 묻는다. "감도 감도 못 먹는 감은?"

갑이 대답한다. "영감."

이런 겨루기는 다음과 같이 꼬리에 꼬리를 물고 진행될 수 있다.

"강도 강도 배 없는 강은?" "요강."

"똥도 똥도 못 누는 똥은?" "불똥."

"장도 장도 양념 못 쓰는 장은?" "송장."

난센스 퀴즈로 신랑 애먹이기

그러나 다른 방식의 물음도 있을 수 있다.

"겨울 논에 학이 한쪽 다리로만 서 있는 까닭은?"
"기찻길이 멀리 가면 좁아지는데, 그 이유는?"

이들 두 가지 수수께끼를 수학 문제 풀듯이 진지하게 다루어서 답을 찾으려고 들면 바보 되기 십상이다. 답이 엉뚱해서 상대방 놀리기에 딱 좋기 때문이다.

"두 다리 다 들면 넘어지니까!"
"멀리 가면 기차가 작아지니까!"

이게 답인데, 이런 수수께끼는 당돌하고 엉뚱하다. 그 답은 진지하게 바른 이치 따져서 꺼낸 것이 아니다. 장난치는 답이다. 이런 수수께끼를 영어로는 '난센스 퀴즈Nonsense quiz'라고 한다.
비슷한 것을 만들어낼 수도 있다.

"서울 종로 네거리의 횡단보도에 빨간 신호등이 켜졌다. 그런데도 병아리 한 마리가 달리는 자동차 새를 비집고 황단보도를 내달렸다. 왜 그랬게?"

이것도 머리 싸매고 성실하게 풀려고 하면 오히려 바보 된다.

"왜는 왜냐? 건너가려고 내달렸지."

이 꼴이니 말이다.

한데, 이런 난센스 퀴즈는 갓 결혼한 신랑을 상대로 신부의 친척이나 이웃들이 신랑 달기를 할 때, 즉 신랑을 매달아놓고는 애먹이고 욕보이고 할 때도 활개를 쳤다. 미리 정해진 그 엉뚱한 답을 못 대면 못 대는 대로 매를 맞았다. 그런데 미리 정해진 당돌한 답을 대면, "이자가 미리 알고 있었군!" 하며 또 매를 맞아야 했다. 이래저래 매를 피할 수 없었던 것이다. 이게 소위 '신랑달기'라지만, 수수께끼가 사람 잡고 신랑 잡은 셈이다.

이런 수수께끼는 순전히 장난치기다. 상대방을 골려 먹기 위해서 하는 장난치기다. 한데 거기에는 익살이 넘쳐난다. 여간 꾀돌이가 아니고는 그런 난센스 퀴즈는 만들어내지 못한다. 그래서 수수께끼는 머리싸움이 되고 두뇌 장난이 되는 것이다. 수수께끼를 묻고 풀고 하면서 아이들의 머리는 IQ 지수를 높여간 것이다.

유리 왕자와 오이디푸스 왕자의 수수께끼 풀이

그런가 하면 수수께끼는 매우 진지하고 요긴한 구실을 맡기도 했다. 미성년의 교육을 맡아내는 한편, 통과의례를 치르는 절차의 하나로서 또 다른 구실을 감당했던 것이다.

오래전, 옛날 사회에서는 미성년의 교육을 위해서 수수께끼를 이용하기도 했는데, 그것은 수수께끼를 통해서 어른이 물음을 제기하고 미성년이 그 답을 찾는 절차를 밟을 수 있었기 때문이다. 미성년이 미처 답을 대지 못하면 어른이 답을 주어서 교육의 효과를 올리기도 했다.

미성년이 어른이 되는 데 필요했던 중요한 의식의 하나인 통과의례에서도 수수께끼는 큰 몫을 맡았다. 이때의 통과라는 것은 어느 중요한 고비를 통과한다는 뜻인데, 미성년이 어른이 되는 것은 한 사람이 자라가는 과정에서 여간 큰 고비가 아니었던 것이다. 그래서 치르는 통과의례는 특별히 '성년식成年式', 곧 '어른이 되는 식'이라고 했다. 우리나라의 경우라면, 남자아이의 관례冠禮와 여자아이의 계례笄禮가 이에 해당된다. 신라에서 화랑도가 된다는 것은 신라 소년의 통과의례였던 셈인데, 후세의 관례 치르기와 같은 뜻을 가지고 있었다고 여겨진다.

아무튼 성년식이라는 통과의례를 치를 때는 갖가지 어려움이나 시련을 겪고 당하게 되어 있었는데, 수수께끼는 지적인 시련이었던 셈이다.

그런 보기를 우리는 고구려의 '유리琉璃 태자'에게서 볼 수 있다. 아버지 주몽은 부여 왕자들의 핍박에서 벗어나 남쪽 땅으로 떠나가면서 그 아내에게 어린 유리를 위한 수수께끼를 남기고 떠난다.

"장차 내 아들 유리로 하여금 이 아비를 찾아오게 하시오. 그럴 때, 유리로 하여금 내가 남기고 가는 수수께끼를 풀어서 뭔가를 찾아서 가져오게 하시오."

그 수수께끼란, "소나무 아래 돌 방석 위에 뭐가 있게?" 하는 물음이었다.

유리는 뒷날 아버지를 만나러 가기 위해 온 산의 바위 위에 자라고 있는 소나무를 깡그리 뒤지고 다녔지만 눈에 띄는 특별난 것은 아무것도 없었다. 그렇게 실심을 하고 집으로 돌아와서는 기둥에 기대어서 한탄을 하고 있는데, 문득 기둥에서 '삐꺽!' 하는 소리가 났다. 웬일인가 하고 유심히 살펴보았더니…… 아니, 이게 무슨 일! 기둥은 소나무로 되어 있고, 그 아래에 돌받침, 즉 주춧돌이 고여 있었던 것이다.

"아, 바로 이것이로구나!" 하고는 유리가 기둥과 주춧돌의 틈새를 뒤지니, 일부러 부러뜨린 칼 반 토막이 나오는 게 아닌가!

유리는 남쪽으로 내려가 이미 고구려 왕국을 세운 아버지를 찾아가서는 그 칼을 내밀었다. 이제는 동명왕이 된 주몽은 자신이 갖고 있던 또 다른 반 토막의 칼과 그것을 맞추어 보았다. 두 토막은 꼭 들어맞았다. 그래서 유리는 정식으로 태자가 된다. 물음 형식을 갖춘 수수께끼를 풀어서 유리는 태자가 되는 통과의례를 통과한 것이다.

한데 비슷한 보기를 옛날 애굽에 있었던 테바이 왕국의 왕자 오이디푸스Oedipus에게서도 찾아볼 수 있다.

어느 날, 이웃 나라 크로노스 왕의 양아들이던 오이디푸스는 고향으로 돌아온다.

그런데 문제가 생겼다. 스핑크스Sphinx라는, 머리는 사람이고 몸은 사자인 괴물이 지나가는 사람들에게 "아침에는 네 발, 낮에는 두 발, 밤에는 세 발로 걷는 게 뭐게?" 하는 수수께끼 물음을 던져서는 사람들이 미처 대답을 못하면 덥석 잡아먹곤 했기 때문이다.

그렇지만 그 앞을 지나가야 했던 오이디푸스는 제꺽 수수께끼를 풀었다.

"그건 사람이잖고. 어려서는 네 발로 기고 커서는 두 발로 걷다가 나이

들면 지팡이를 짚고 걸으니 세 발로 걷는 것과 마찬가지지."

그러자 스핑크스는 당장 돌로 변해버렸다는 것이다. 그것이 하나의 실마리가 되어서 오이디푸스는 고향 땅 테바이 왕국의 왕이 될 수 있었다.

왕이 되거나 왕자가 되는 통과의례에서 수수께끼가 결정적인 구실을 맡기로는 유리나 오이디푸스나 티끌만큼도 다를 게 없다. 난센스나 장난치기가 아니고 사뭇 진지한 몫을 맡아낸 수수께끼도 있었던 것이다. 미성년의 교육에 보탬이 되고, 더 나아가서는 미성년이 성년이 되는 절차로도 수수께끼는 엄연히 구실했던 것이다. 한데, 지금 이런 수수께끼 물음은 어떻게 되었을까? 그건 아예 없어지다시피 하고, 그 대신에 학교에서 보는 학과 시험이 요즘 어린 학생들을 괴롭히고 있다.

물론 수수께끼와 학과 시험, 그 둘은 형식이 다르지만 그 목적이나 구실은 별로 다를 바 없다. 유리나 오이디푸스가 수수께끼 물음을 잘 풀어서 왕자가 되고 왕이 되었듯이, 요즘 아이들은 학과 시험을 쳐서는 중·고등학교와 대학교에 들어간다. 그 옛날의 수수께끼는 학과 시험의 모양으로 오늘날에도 살아 있는 셈이다. 아쉽지만 어쩔 도리가 없다. 정말이지 서운하다.

그네 타기와 널뛰기: 용솟음치고 하늘 날던

'꽈당, 꽈당.'

'쐐 쐐, 펄럭 펄럭!'

이게 무슨 소릴까? 웬 울림일까?

그건 신명의 울림이다. 이건 신바람 휘날리는 소리다. 하나는 뛰고 구르는 소리고, 다른 하나는 날고 솟구치는 울림이다.

춘향이 '쐐 쐐, 펄럭 펄럭!' 그네 타지 않았더라면, 안쓰럽게도 이도령을 만나지는 못했을 것이다. 그러자면 저 멋쟁이 옛날 소설 『춘향전』도, 신명나는 판소리 「춘향가」도 세상에 발붙이지 못했을 게 뻔하다. 그걸 생각하면 춘향은 아찔해질 것이다.

아리따운 처자가 그네 날리고 있는 그 하늘 아래, 땅에서는 어여쁜 처녀

들이 '꽈당, 꽈당!' 널을 뛰고 있을 게 뻔하다. 그러지 않고는 음력 5월 5일, 모처럼의 단오端午가 시들해지고 말 테니까.

꽃다운 소녀들이 뛰고 날고 하는 만큼, 단오의 명절 기운은 크게 설렐 것이다. 그네 타기와 널뛰기는 춘향이 같은 꽃분이들, 그 귀여운 처녀들을 위한 놀이다. 사내라면 어림도 없다. '남자 접근 금지!'다. 이것은 여자들로서는 무척 큰 의미를 갖게 된다.

바람을 일으키며, 땅 위 높은 데서 흔들다 못해 하늘 중천을 날고 나는 게 그네 타기다. 그런가 하면 땅바닥을 울리면서 허공으로 용솟음쳐 오르는 것이 널뛰기다.

지금 세상에서라면 몰라도, 두어 세대 전만 해도 여자들이 날거나 뛰는 일은 어림 반 푼어치도 없는 일이었다. 치솟고 용솟음치다니, 턱도 없다. 지나간 묵은 시절에 여자는 무턱대고 바닥을 기다시피 해야만 했다. 고개 하나 제대로 못 들고는 허리 굽혀 걸어야 했다. 노상 앉은뱅이처럼 살아야 했다. 여자는 그저 굽실거리거나 구부리면서 간신히 목숨을 부지했다. 그런 게 여자로서 지켜야 할 원칙이었는데, 난데없이 솟구치고 날다니…… 이게 무슨 난장판이란 말인가?

하니까, 그네 타기와 널뛰기는 지난 시절의 여성들로서는 난리를 떠는 일이었다. 세상 뒤집어엎자고 덤비는 반란 같은 것이었다. 평소 억눌려서 굽실거리던 몰골을 홱 뿌리치고 덤비는 것과 다를 게 없었고, 사회가 억지로 덮어 씌워놓은 당치 않은 짐 덩어리를 홀라당 내던져버리는 것이나 다를 것 없었다. 그렇기에 가벼운 혁명이라고 불러도 부족함이 없을 것이다. 해방도 예사 해방이 아닐 테니 말이다.

널뛰기는 말할 것도 없이 널을 타고 뛰는 놀이다. 여기서의 널이란 널빤지 또는 널판이라고도 부르는 좁고 기다란 나무판자를 이른다. 널뛰기에 쓰는 널은 말할 것도 없이 송판, 곧 소나무 판자인데, 옛날에는 소나무를 반반하게 잘라 그 겉을 대패로 밀어 반질반질 다듬는 일조차 쉽지 않았다. 목수가 하는 일 치고도 힘겨운 일 중 하나였을 것이다.

이렇듯 잘 다듬은 널은 길이가 2미터에서 3미터가량 되었다. 뜰이나 마당의 흙바닥에 괴놓은 짚더미나 가마니 꾸러미를 받침 삼아 널빤지 중심을 거기 올려놓기만 하면 준비 완료다. 널은 그 받침 위에서 반반하게 일직선을 그리게 된다. 만약 받침이 중간에 자리를 잡지 못하면 한쪽 끝은 들리고 다른 쪽 끝은 땅바닥에 내려앉게 될 것이다.

그렇게 걸쳐진 널의 양쪽 끝에 한 사람씩 올라선다. 이제 바야흐로 널뛰기가 시작될 판이다. 긴 치맛자락을 나부끼면서 순이 아씨가 버선발로 한쪽 끝을 꽈당, 힘껏 내리밟는다. 널 끝이 세차게 땅바닥에 꼬라박히면 그 반동으로 맞은편 끝의 복녀가 위로 솟구친다. 솟구쳤다가 떨어져 내리는 여세에 더 한층 힘을 주고는 발바닥으로 널 끝을 우지끈 내리찍는다. 이젠 순이가 위로 솟구친다. 그렇게 내리박기와 솟구침이 순이와 복녀 사이에서 번갈게 된다.

'꽈당!' 하고는 내리구르고 '휙!' 하고는 솟구치기를 되풀이한다. 둘 다 흰 치마저고리 차림이라 내리찍고 솟구치고 할 적마다 두 마리 하얀 학이 오르락내리락 되풀이하면서 창공을 날고 또 나는 모양새가 될 것이다. 나풀대는 치맛자락은 학의 날갯짓처럼 힘찰 것이다. 그러니 그게 춘향이가 아니면 또 어떠랴. 널 타고 나는 학으로도 충분하다. 그 모습을 보고 이도령처럼 홀리지 않는다면 그는 눈이 멀어버린 게 틀림없다.

순이와 복녀가 구르고 솟구치는 그 뜰 너머, 담벼락 저 건너를 내다보면 우람한 한 그루 귀목나무가 눈에 든다. 한 그루로도 능히 하늘을 가리다시피 하는 드넓은 나무 그늘에…… 앗, 저건 또 뭔가? 육중한 가지에 매달린 굵은 밧줄이 앞뒤로 또 위아래로 출렁일 적마다 너울거리며 날고 있는 것! 저건 또 뭐란 말인가?

그네가 난다. 앞뒤로 나는가 싶은데, 겸해서 위아래로도 난다. 그네를 매단 굵다란 가지가 요동을 치면 잔가지가 무성한 잎과 더불어 소란스레 파도친다. 그에 따라 온 나무 그늘에서 해일처럼 바람의 파도가 인다. 용솟음쳐 오르는 바람 타고 그 우람한 너울 새를 헤집으며 하얀 학 한 마리가 난다.

'휙휙, 쐐쐐!'

하얀 학이 소스라친다. 덩달아서 온 둘레의 공기가 아스라하게 설렌다.

'하늘하늘, 펄럭펄럭.'

허공 중천에서 학이 춤을 춘다. 옥녀 아씨의 그네 타기가 한창이다.

오월 단옷날이면 이렇듯이 아리따운 아씨들이, 또 곱디고운 각시들이 널을 뛰고 그네를 탔다. 땅을 구르고 바람을 가르고 온 하늘을 설레게 하면서 그네를 날고 널을 굴렀다. 일 년 삼백예순날 노상 웅크리고 살아야 했던 여인네들이 뛰고 솟구치고 날고 용솟음쳤다. 그럴 때면 그들은 학이고 꽃사슴이었다. 싱그럽고 기운찼다. 회오리바람이고 돌개바람이었다. 그 앞에서 사내들의 힘자랑 따위는 웃음거리에 지나지 않았을 것이다.

널로 흙바닥을 쫘당 울리면 온 대지가 뭉클뭉클 약동한다. 그런 널뛰기에 질 새라 그네도 날고 또 난다. 바람을 가르고 하늘을 설레게 하면 온 대기와 온 하늘의 기운도 덩달아서 넘실댄다. 짙푸른 들녘으로 그 기운이 뻗

바람을 일으키며, 땅 위 높은 데서 흔들다 못해 하늘 중천을 날고 나는 게 그네 타기다. 그러나 그런 단옷날의 그네 타기도 이젠 묵은 것이 되고 말았다.

어 나가면, 올 가을 농사는 보나마나 대풍大豊이다.

　이래서 널뛰기와 그네 타기로 대지에 기운이 오르고 대기大氣에 활력이 넘쳐났다. 여성의 힘은 그토록 위대한 것이었다. 그건 묵은 우리 사회의 엄청난 '페미니즘feminism'이었다. 여성을 귀하게 여기고 떠받드는 마음가짐이었다. 여성이 스스로 기 살리고 기운 차려서는 사람 사는 온 세상의 기를 돋우는 기틀이 되는 것, 그게 바로 21세기를 맞으면서 여러 여성운동가가 다짐하고 기치를 드높이 들어 올린 페미니즘이다.

　널뛰기도 그네 타기도 이젠 묵은 것이 되고 만 것이 참 아쉽다. 하지만 오늘의 여성 누구나의 마음속에 단오놀이의 기운만큼은 펄펄 뛰고 울렁거려야 할 것이다. 오늘날 남녀평등이 이룩되고 여성의 사회 진출이 큰 폭으로 늘어나고 있다지만, 한국의 실정은 아직껏 후진국 수준을 못 벗어나고 있다는 통계가 나와 있다. 사회적으로는 하늘을 날듯 하지 못하고, 경제적으로도 널뛰기만큼 높이 솟구치지 못하는 게 사실이다.

이제 바야흐로 여성도 사회에서 마음의 널뛰기며 그네 타기를 힘껏 해야 할 것이다. 날고 뛰어야 할 것이다.

팔랑개비 들고 뛰고 또 달리면

팔랑팔랑 팔랑개비
팔랑팔랑 돌아라.
바람 타는 바람개비
바람 타고 돌아라.
팔랑 바람, 바람 팔랑,
달려라, 뛰어라!

팔랑개비를 손에 들고 달리면 이런 노래가 절로 읊조려진다. 우렁우렁 소리 내어, 크게 노래하게도 된다.

아이들은 뛰거나 달리면서 아이다워진다. 걷기야 어찌 못할까 마는, 그걸로는 신바람이 나지 않는다. 뛰고 달려야, 달리고 뛰어야 신이야 넋이야 하게 된다. 달리고 뛸 때 아이들은 신바람을 낸다.

13인의아해가도로로질주하오.

(길은막다른골목길이적당하오.)

제1의아해가무섭다고그리오.

제2의아해도무섭다고그리오.

제3의아해도무섭다고그리오.

—이상, 「오감도烏瞰圖 제1호」 중에서

1930년대, 당시로서는 여간 야릇했던 게 아닌, 괴물 시인 이상에게 이런 시가 있다. 그가 노래한 대로, 아이들은 질주해야만 아이답다. 무섭도록 신나게 내달려야만 아이는 아이가 된다.

한데 팔랑개비나 바람개비를 받들고 내달릴 때면 그걸로 아이들의 달리기는 더 이상 바랄 데 없이 좋은 최고 기록을 남기게 된다. 바람개비를 들고 뛰면 아이들은 바람처럼 내달리게 된다. 폭풍처럼 무섭도록 내달리게 된다.

팔랑개비는 종이를 접어서 만든다. 꼭 경비행기의 프로펠러 모양새로 종이를 접으면 그게 바람개비가 되고 팔랑개비가 된다. 그건 말하자면 종이 프로펠러다. 그렇게 접힌 바람개비의 중심부에는 둥근 구멍이 나 있다. 거기에 젓가락처럼 가느다랗고도 동그란 꼬챙이를 꿴다. 그래야만 프로펠러가 동글동글 돌게 된다. 그런 뒤에 꼬챙이 개비 바로 앞뒤 부분에는 실을 감든가 조그마한 판지로 마감해서 개비가 꼬챙이 앞뒤로 밀려나지 않도록 한다.

이제 바람개비는 완성되었다. 입으로 한번 '푸!' 불어본다. 개비가 꼬챙이에 끼인 채로 영락없는 비행기 프로펠러마냥 돌아친다.

"됐어! 내 바람개비야!"

아이는 종이로 접힌 프로펠러 개비를 앞으로 쑥 내밀고는 꼬챙이 끝을 잡고 뛴다. 냅다 내달린다. 바람을 가르고 질주한다. 붕 붕, 부웅! 꼭 경비행기 프로펠러 돌아가듯 소리치면서 뜀박질을 한다. 거기 따라서 바람개비도 돌아친다. 바람개비의 프로펠러는 바야흐로 전속력을 내며 회전한다. 뱅글뱅글 뱅글 뱅그르르! 바람을 일으켜 불을 일으키는 풍선風扇 같아 보인다. 이제 바람개비를 앞으로 내밀고 내달리는 아이는 영락없이 비행기 조종사가 된다. 아니, 그보다 더하다. 그는 아예 비행기가 되어 비행기 놀이를 한다.

인간의 놀이 문화 연구에서 큰 공을 세운 호이징가는 놀이의 종류 가운데 하나로 '미메시스Mimesis의 놀이', 즉 '흉내 내기의 놀이' 또는 '모방의 놀이'를 들어 보였는데, 아이들의 팔랑개비 돌리기는 비행기의 미메시스 놀이인 셈이다. 그러니 발은 땅을 밟고 뛰지만 팔랑개비 놀이를 하는 아이는 마음 또는 상상으로는 창공을 드높이 날고 있는 것이다. 바람개비 놀이는 날기 놀이다.

그렇게 한참을 뛰다가 그다지 높지 않은 언덕을 만나면 아이는 또 다른 비행을 하게 된다. 언덕 꼭대기에 올라선 아이는 바람개비를 하늘로 향하게 잡고는 풍덩 내리뛴다. 그건 뭘까? 그렇다! 바로 이때, 그 아이는 비행기이기를 그만두고 헬리콥터로 변신하는 것이다. 그 순간, 팔랑개비는 하늘로 치솟듯 깃을 세운다.

"만세! 만세!"

헬리콥터는 땅 위에 살짝 내려앉는다.

한데 지금 세상에서는 진짜 비행기나 헬리콥터를 탔으면 탔지, 팔랑개비를 들어 스스로 헬리콥터나 비행기가 되려는 아이는 없는 듯하다. 그래서도 아이들에게서 하늘은 점점 멀어져가고만 있다.

●

또 다른 놀이를 뒤쫓아서

●

여우놀이

여우야, 여우야, 뭐 하니?
—잠잔다.
잠꾸러기.
—세수한다.
멋쟁이.
—밥 먹는다.
무슨 밥?
—구더기 밥.
무슨 반찬?
—개구리 반찬.

죽었니, 살았니?

—살았다(또는 죽었다).

이것은 「여우놀이」 노래다. 노래 마디는 둘러앉은 아이들과 술래가 번갈아 부르게 된다. 맨 위의 "여우야, 여우야, 뭐 하니?"가 둘러앉은 아이들의 것이고, 그것에 대한 대답인 "잠잔다"는 술래의 것이다. 그 아래의 노래 마디도 그런 순서로 반복된다.

여러 명의 아이가 둥그렇게 고리 모양으로 둘러앉는다. 서로 손을 잡고는 모여 앉는다. 그리고 그들에게서 서너 걸음 떨어진 한복판에 술래가 자리를 잡고는 무릎을 꾀고 앉는다.

아이들과 술래가 번갈아서 노랫말을 주고받다가 드디어 막판에 다다르게 된다. 아이들이 "죽었니, 살았니?" 하고 묻는다. 술래가 "죽었다"고 하면, 아이들이 몇 번이고 되풀이해서 같은 물음을 던진다. 그게 몇 번 반복된 다음, 술래가 문득 "살았다"고 외치면, 아이들은 전부 일어서서 달아난다. '와!' 하고 아우성치면서 뿔뿔이 흩어지며 내뺀다. 그러다 뒤쫓던 술래가 그 중 한 아이의 등을 치거나 손으로 팔을 낚아채면, 이젠 걸린 그 아이가 술래가 된다.

그러고는 아까처럼 묻고 대답하면서 놀이가 계속된다.

이 놀이에서 여우는 이랬다저랬다 요사를 부리고 있다. 여우 꾀란 말이 절로 생각나는 놀이다. 그래서는 둘러앉은 아이들이 여우와 주고받는 말을 즐기게 된다. 그러다 보면 여우놀이는 자연히 '잡기 놀이'에 '말놀이'가 더해지게 된다.

닭잡기

앞에서 말했다시피, 놀이는 크게 네 가지로 갈린다. 전쟁놀이와 의사 놀이는 흉내 내기의 놀이다. 서서 팔 벌리고 눈 감고 하늘 올려다보면서 뺑뺑이를 도는 것은 어지럼 타기의 놀이다. 씨름이나 눈싸움, 그리고 잡기 놀이는 겨루기의 놀이다. 꽉 쥔 주먹 속에 든 구슬의 수효를 알아맞히는 것은 요행수 놀이다. 물론 옛적의 아이들 놀이는 이 네 가지를 고루 갖추고 있었다.

한데 이들 네 가지 놀이 가운데서 아이들의 것으로는 겨루기 놀이가 가장 많다. 앞에 살펴본 여우놀이가 잡기 놀이이면서 겨루기 놀이인 것처럼, 이제 다루게 될 '닭잡기'도 겨루기의 놀이다. 그러면서도 흉내 내기의 놀이를 겸한다.

닭잡기에서 놀이꾼은 세 편으로 갈라진다. 여러 명의 아이들이 서로 팔에 팔을 잡고는 둥글게 울타리를 치듯이 늘어선다. 그 안에 한 아이가 닭이 되어 서고, 그 밖으로는 너구리 노릇을 하는 아이가 자리를 잡는다.

놀이를 갓 시작하면 너구리도 닭도 아이들의 동그라미 밖에 서로 멀찌감치 떨어져서 선다. 이어 너구리가 무서운 표정을 지으며 닭을 잡아먹으려고 으르렁댄다. 도망치던 닭은 아이들이 진을 치고 있는 동그라미 안으로 달려든다. 아이들은 닭이 들어오기 좋게 사이를 벌려준다. 그러면 아이들의 동그라미 밖에서 너구리는 닭을 잡아먹겠다고 계속 덤빈다. 그러면서 동그라미 안으로 쳐들어가려고 날뛴다. 그러나 동그랗게 서로 손을 잡고 있는 아이들이 이를 막는다.

닭은 무서워서 어쩔 줄 모르고, 너구리는 사납게 덤빈다. 마침내 너구리가 닭을 보고 소리친다.

"달걀 하나 주면 안 잡아먹지!"

그 소리에 겁을 집어먹은 닭은 도망치려고 날개를 퍼덕이면서 이리저리로 뛴다. 이때 너구리가 아이들 사이를 비집고 동그라미 안으로 파고든다. 그대로 있다가는 잡힐지도 모르니까, 닭은 아이들이 내주는 틈 사이를 비집고 밖으로 멀리 내달린다. 너구리도 동그라미 밖으로 나가 뒤쫓으려 하지만 이번에도 아이들이 훼방을 놓는다.

그러다가 닭이 너구리에게 잡히면 한 차례의 놀이가 끝난다. 너구리는 아이들과 함께 동그라미 속에 껴들고 닭은 너구리가 된다. 미리 순서대로 정해진 다른 아이가 이번에는 닭 노릇을 하게 된다.

절해서 잡기

한데 잡기 놀이에는 꽁꽁 숨은 아이를 찾아내어서 잡은 걸로 치는 놀이가 있는가 하면, 서로 뛰고 달리고 도망치고 쫓고 하면서 잡거나 잡히는 놀이가 있다. 그런데 참 묘하게도 술래가 눈을 가리고 절해서는 누군가를 찍어내어 잡은 것으로 하는 놀이도 있다.

'절해서 잡기'가 바로 그런 놀이인데, 우선 여러 명의 아이가 둥글게 동그라미를 그리고 선다. 그 안에서는 술래가 손수건 같은 것으로 눈을 가리고 선다. 그런 다음, 서로 손잡고 동그라미를 이루고 있는 아이들이 뱅뱅 돌면서 그들 안에 서 있는 술래에게 묻는다.

"당신은 누구십니까?"

술래가 대답한다. "나는 장님입니다."

이어서 둘째 물음이 던져진다. "무엇을 찾아서 여기 왔소?"

술래가 대답한다. "놀고 싶어서 여기 왔소."

그러면 마지막 세 번째로 동그라미를 그리고 있는 아이들이 말을 던진다. "그럼, 세 번 돌고 절해보시오."

그 말을 받아서 술래는 동그라미 안을, "하나, 둘, 셋!" 하면서 세 바퀴를 돌고는 선다. 그러고는 맞은편을 향해서 절을 한다. 그 절을 받은 아이가 다음 술래가 되어서는 놀이가 계속된다.

이 놀이는 잡기의 놀이기는 하지만, 요행수의 놀이를 겸하고 있다. 술래가 세 바퀴를 돌고 돈 끝에 누구 앞에 서서 절하게 될 것인지는 어느 누구도 미리 알 수가 없다. 우연히, 어쩌다 보니까 그렇게 되는 것뿐이고, 그게 이 놀이의 재미인 셈이다.

웃음 놀이

정말이지 이건 별난 놀이다. 비슷한 보기가 따로 또 있을 것 같지 않다. 그만큼 개성이 강한 놀이다.

여러 명의 아이가 서로 웃기려 들고, 또한 웃지 않으려 기를 쓰면서 놀다니…… 정말 남들 웃기는 놀이가 아닐 수 없다. 이 놀이는 서로 겨루다가 누구든 먼저 웃으면 진다. 용케 웃지 않고 견뎌낸 나머지 아이에게서 머리에 꿀밤을 맞아야 한다. 그러니 겨루기 놀이 치고도 아주 색다른 놀이라고 할 만하다.

서넛 또는 네다섯 명의 아이가 서로 마주 보고 선다. 서로 꼬나보면서 크게 뜬 눈을 부라린다. 부릅뜬다. 그러고는 합창을 한다.

> 모두 모여라. 웃음 놀이 하자꾸나.
> 이빨 보여도 안 돼.
> 웃어도 안 돼.
> 울어도 안 돼.
> 모두 다 합죽이가 됩시다.

그러고는 끝으로 "합!" 하고 입을 꼭 다문다.

'합죽이'는 워낙 이가 많이 빠져서 입과 볼이 우므러진 사람을 가리킨다. 입이 다물어진 사람인 셈인데, 이 노래에서는 입을 꼭 다물고 웃지 않는 사람을 일컫는다. 그렇게 합죽이가 된 아이들이 상대방을 웃기고자 별별 얼굴 표정을 다 짓는다. 크게 뜬 눈을 부라리기도 하고, 혀를 내밀고 돌려대기도 한다. 또 손짓으로 동물이나 바보 흉내를 내기도 한다. 실룩샐룩, 온갖 익살을 떤다. 너나없이 서로 익살을 떠벌인다.

그러는 중에 누군가가 그만 상대방의 묘한 꼴을 보다 못해 웃음을 터뜨리면, 그래서 합죽이를 그만두게 되면 지는 것이다.

"와, 웃었다."

겨루기가 끝나고 진 아이는 미리 정해진 대로 벌칙을 받게 된다. 또는 장기 자랑을 하거나 노래를 부르기도 했다.

혹시 '웃기지 마!'라는 말은 그래서 생긴 것 아닐까? 이것은 배꼽을 잡을 놀이다. 웃음 가지고도 장난을 친 예전의 아이들은 아무래도 놀이의 천재였던 모양이다.

말놀이, 말장난

"남의 말 가지고 놀리지 마!" 이건 누군가가 남이 한 말을 두고 빈정대거나 말썽을 부리면, 그를 나무라면서 하는 말이다. 이처럼 남이 한 말을 가지고 놀리면 안 된다. 그렇지만 아이들의 세계에선 다르다. 남의 말 가지고도 잔뜩 재미를 보았으니 말이다.

웃음 가지고 장난을 친 아이들은 말 가지고도 신나게 놀아댔다. 말은 사람만이 가지고 있는, 사람다울 수 있는 조건이다. 사람들은 말로 생각한다. 말이 곧 생각이다. 인간은 머리를 써서 문화를 만들고, 그들 생활을 이룩해 나갔다. 말은 문화의 기틀이다. 그래서일까, 아이들은 말을 가지고도 재미나게 놀아댔다.

"얼러리꼴러리!"는 누굴 놀려먹는 소리다. 뜻 없이 소리뿐인 말을 가지고는 상대방을 골려 먹었다. "이 거리 저 거리 각 거리 봉사 맹도 또 맹도!" 이건 경상도 지방의 꼬맹이들이 무릎 치기 놀이를 할 때 읊어대던 소리다. 뜻이 있을 것도 같고 없을 것도 같은 이 소리는 그저 소리 장난, 아니 말장난일 뿐이다.

그런 아이들인지라, 여러 명이 모여 앉아서는 유쾌하게 말을 가지고 놀아댔다. 그 본보기가 다름 아닌, '말 잇기 놀이'다. '말 잇기'는 여러 명이 둘러앉은 채로 앞에서 누군가가 한 말을 따라서 뒤에 앉은 아이가 같은 종류의 말을 이어붙이는 놀이다.

'말 잇기 놀이'는 세 가지가 있다. 빙 둘러앉아서는 앞의 아이가 한 말의 끝소리로 시작되는 말을 다음 아이가 하게 되는 '꼬리 물기'가 그 하나다. 가령, 앞에서 '구멍'이라고 했다면, 다음 아이는 그걸 받아서 '멍멍이'라고 할 것이다. 한데 그 다음 아이가 소 모는 소리로 '이랴!' 했다 치자. 그러면 그 뒤의 아이는 그 끝소리인 '랴'를 물고 할 말이 없다. 그래서 지고 만다. 그 아이는 다른 아이들에게서 꿀밤을 맞는다.

두 번째는 맨 앞의 아이가 내뱉은 소리로 끝나는 말을 둘러앉은 순서대로 말하는 놀이다. 가령, 맨 앞의 아이가 '장' 했다고 치면, 다음 아이들은 앉은 자리의 차례대로 '간장, 고추장, 된장, 막장, 시장……' 등으로 낱말을 대야 한다. 하지만 내뱉을 낱말이 잘 생각나지 않으면 지는 놀이다. 물론 지게 된 아이는 다른 아이로부터 벌칙을 당하게 된다. 꿀밤을 맞거나 손등 혹은 손목을 손가락으로 맞기도 했다.

세 번째 놀이는 이렇다. 우선 모인 아이들이 모두 찬성해서는 어떤 종류의 낱말을 정해둔다. 그러고는 그 종류에 딸린 것을 하나하나 차례대로 대어가는 것이다. 가령 '과일 종류'로 정했다고 치면 어떻게 될까? 앉은 순서대로 '사과, 배, 능금, 감, 땡감, 홍시, 참외, 수박……'이라고 말하게 될 텐데, 그만 더 이상 생각나는 과일이 없으면 지게 되는 것이다. 말이 막힌 아이는 물론 벌칙을 당하게 된다.

누가 생각해내었는지 모르지만 기가 찬, 재미난 놀이를 꼬맹이들은 많이도 만들어냈다. 한데 이런 말놀이는 말 공부도 겸하는 것이라서 놀이로나 공부로나 유익한 것이었다. 순발력이라든가 지능지수 같은 것도 따라서 높아졌을 것이다.

손에 익고 마음에 익은 연장들

사람은 손으로 산다.
'호모 파베르', 즉 공작인이라 불리는 것.
손으로 물건이나 연장을 다루는 삶.
하지만 손으로 연장을 다룬다고 해서
손과 연장이 따로따로는 아닌 법,
손이 연장이고 연장이 손이기도 한 것.
하지만 이제 가버린 그 많은 연장을,
어디서 다시 만날 것인가?
온통 손이 비고 마음이 빈 듯하다.

똬리

구렁이는 곧잘 똬리를 튼다. 뱀이 긴 몸을 고리처럼 동그랗게 휘감고 있는 것을 일러 '똬리'라고 한다. 누군가를 두고 '뱀이 똬리를 틀 듯이'라고 하면 겉으로는 아닌 척하지만 그 사람의 속마음에 어떤 좋지 않은 욕심이 서리서리 감고 있음을 가리킨다.

하지만 여기서 말하려는 '똬리'는 그런 게 아니다. 돌돌 휘감긴 모양새는 같아도 뱀의 똬리와는 전혀 다른 또 다른 똬리를 말하고자 한다. 그건 지난날의 여성이—아주머니건 아가씨건, 처녀건 간에—머리 위에 물건이나 짐을 이고 다닐 때 사용했던 도구다. 여성은 머릿짐을 머리에 얹어서 이게 될 때, 머리 위에 먼저 받침을 놓았다. 그래야만 짐이나 물건 따위를 이기 쉬웠기 때문이다. 그때 사용한 받침이 바로 똬리다.

머릿짐을 머리에 얹어서 이게 될 때, 여성들
은 머리 위에 똬리를 먼저 올려놓아 짐을 받
쳤다. 짚이나 천을 꼬아서 만든 일종의 쿠션
인 셈이다.

똬리의 모양은 뱀의 똬리를 닮았다. 짚이나 천을 두툼하게 꽈서 만든 다
발을 소용돌이 모양으로 엮어서 만든 것인데, 전체 모양은 물론 동그랗다.

과거 이 땅의 여성에게 머리에 물건을 이는 것은 마치 숙명 같은 것이었
다. 그것은 운송 수단이면서도 여성다운 모습이기도 했다. 여성은 뭐든 머
리 위에 얹어서 날랐다. 볏단도 땔감도 물동이도 옹기도 모두 여서 운반했
다. 그렇게 머리에 물건을 여서 나를 때, 이 땅의 여성은 '인간 트레일러'였
다. 사내의 지게와 같은 구실을 여성들은 머리로 맡아내었던 것이다.

똬리를 받쳐서는 머리에 물건을 이고 가는 옛적 여성의 모습을 잠시 상상
해보자. 오른손으로는 머리를 내리누르는 머릿짐의 한쪽을 움켜잡는다. 왼
손은 한들한들 허리 둘레를 가볍게 휘저으며 균형을 맞춘다. 질금질금 발을

옳길 적마다, 앞으로 나갈 적마다, 머리에 이고 있는 짐이 살짝살짝 흔들린
다. 그런 중에도 능숙한 아낙네 같으면 아예 머릿짐에서 손을 떼고는 하늘
하늘 행보를 옮겨놓기도 한다. 두 손이 흔들대면 머릿짐도 따라서 흔들댄다.
한참을 그러면 이마에 땀이 괸다. 손으로 땀을 훔치면서 계속 걷는다.

　하지만 머지않아서 고개가 뻣뻣해지고 다리도 휘청댄다. 어디 나무 그늘
에 머릿짐을 내려놓는다. 똬리도 머리에서 내린다. 머릿밑이 조금은 아리다.
똬리에도 땀이 홍건하다. 이제 얼마를 더 가야 하나? 똬리를 매만지면서 스
스로를 달랜다.

물동이

　물동이는 물을 길어 담는 그릇이다. 오지그릇으로 된 것이 있는가 하면,
양철로 만든 양동이도 있었다. 위아래가 같은 크기의 원통 모양도 있었지만,
물론 다른 모양도 있었다. 아래위가 잘록하고 배는 불룩한 것도 있었다. 뚜
껑을 씌운 게 있는가 하면 없는 것도 있었다. 그런가 하면 위는 넓고 바닥은
좁은데, 전체적으로 배불뚝이 모양을 갖춘 것도 있었다. 이들 몇 가지 모양
새의 물동이 중에는 양쪽에 손잡이가 붙어 있기도 했다.

　동이는 물론 물동이로만 사용된 것은 아니다. 위는 넓고 둥글고, 바닥은
좁고 둥근데, 배가 불룩하고 양 옆에 손잡이가 붙어 있어서 물건을 담아서
나를 수 있는 것은 무엇이나 '동이'라고 불렀다. 그중에서 물을 긷고 담고 하
는 데만 쓰인 것이 이름 그대로 '물동이'다.

　상수도가 없던 시절, 아낙네들은 마을의 공동 우물에서 물을 길어 집까

상수도가 없던 시절, 아낙네들은 우물에서 집까지 물을 길어 날라야 했다. 이때 사용한 것이 물동이이다.

지 날라야 했다. 머리에 물동이를 이고 나르거나, 아니면 양 어깨를 가로 질러 멘 막대기 양쪽에 물동이 한 개씩을 매달아 물을 나르기도 했다.

어깨에 멘 물동이는 아낙네가 걸음을 옮길 적마다 그 안의 물이 출렁였다. 발걸음 따라서 허리가 흔들리고 두 어깨가 찰랑이니 그럴 수밖에 없었다. 그 모양새가 어떤 때는 물동이 무게를 감당하지 못해 지겨워 보이기도 했고, 또 어떤 때는 양 어깨며 허리통이 촐싹대면서 멋 부리고 까불대는 것처럼 보이기도 했다.

한데 물동이를 머리에 이고 걷는 정경은 좀 달랐다. 두 손으로 손잡이를 움켜잡고 걸음을 옮길 적마다 물동이도 앞뒤로 흔들렸다. 그럴라치면 물이

동이의 가장자리로 해서 흘러내리곤 했는데, 그러니 자연 이마를 타고 내리는 물방울을 손으로 훔쳐내야 했다. 이처럼 여인네들은 물동이를 이고 그들 살림살이에서 빼놓을 수 없는 요긴하고 알뜰한 몸맵시를 선보이곤 했다.

흔들흔들! 간들간들! 여인네들의 목숨살이 역시 가볍게 춤을 추웠다.

그러기에 한 세대 전의 어느 대중가요는 호미자루와 물동이 내팽개치고는 서울 간 임을 쫓아서 줄달음치는 처녀의 몰골을 노래하기도 했던 것이다. 물동이는 시골살이하는 처녀들에겐 살림 밑천이었으니까 말이다.

낫

누구나 익히 알고 있는 속담 하나. '낫 놓고 기역 자도 모른다.'

옛날 시골 농촌에서는 흔해빠진 게 낫이었다. 낫이야말로 농촌의 살림살이에 없어서는 안 될 연장의 하나였고, 절대적인 필수품이었다. 그래서 이런 속담도 있었다.

'낫 놓고는 목숨 부지 못한다.'

낫은 'ㄱ' 자 모양을 갖춘 연장이다. 'ㄱ' 자의 앞머리는 날카로운 칼날이고, 꺾어진 아랫부분은 나무토막으로 된 자루다. 농부는 낫을 자주 정성 들여 숫돌에 갈아 사용했다. 숫돌에 갈아서 쓰는 연장으로는 부엌칼과 낫이 대표적이었다.

낫으로는 풀이나 꼴을 베기도 했고, 겨울엔 땔감을 얻기 위해 산으로 올라가 나무를 베는 데 사용하기도 했다. 솜씨 좋은 농부는 낫을 이용해 온갖 가재도구나 농기구를 손수 만들어 쓰기도 했다. 그만큼 농촌에서 낫의 쓰임은 다양했다. 그런 한편, 낫은 벼 베고 보리 베는 데에도 사용되었다. 물론 수수나 조 따위의 다른 곡식을 베는 데도 쓰였다. 가령, 벼나 보리를 수확할 때면 다른 것 다 젖혀두고 낫이 제 구실을 톡톡히 맡아 나섰다. 농부로서는 그것이 한 해의 수확을 거두어들이는 일이니, 'ㄱ' 자의 낫으로 'ㄱ' 자로 허리 굽힌 채로 벼와 보리 베기를 했다.

그러나 낫으로 벼를 베는 일은 참 지루하고 고된 노동이었다. 가을날, 하루 온종일 일을 해도 혼자서는 겨우 한 마지기 정도의 벼 베기가 고작이었다. 마지기란 논이나 밭의 넓이를 헤아리는 단위인데, 땅의 좋고 나쁨에 따라 논은 150평에서 300평 안팎을, 보리밭은 100평 안팎을 한 마지기라 불렀다. 그러니 네댓 마지기의 농사를 짓는 부부라면 두 사람이 열심히 벼 베기를 해도 꼬박 사나흘 이상 걸리게 마련이었다.

옛날 시골 농촌에서 낫은 없어서는 안 될 필수품이었다. ㄱ 자 허리로 ㄱ 자 낫을 움켜쥐고 농부들은 그들의 삶을 지탱해 나갔다.

벼 베기며 보리 베기…… 'ㄱ'자 허리로, 'ㄱ'자 낫을 움켜쥐고 했던
그 일! 농부는 낫으로 알뜰히 곡식을 거두어 그들의 삶을 지탱해 나갔다.

표주박

신부 집 뜰에 차려진 초례청醮禮廳에서 신랑 신부가 맞절을 주고받는다.
신부는 부끄럼을 타 고개 숙인 채로, 신랑은 점잔을 떨면서 허리를 굽힌다.
그러곤 '합환주合歡酒'를 나눈다. 이때의 합환주란 문자 그대로 '즐거움을 함
께하는 술'이다. 하얀 표주박에 담긴 술을 신랑이 한 모금 홀짝, 그런 다음
그 표주박을 그대로 신부에게 건넨다. 그러면 신부는 살짝, 입술에 대는 듯
마는 듯하게 마신다. 한 표주박으로 술을 같이 마시는 걸로 신랑 신부는 한
마음 한 몸이 된다.

우리의 전통 혼례식에서 표주박은 이토록 크나큰 구실을 맡아내었다. 합
환주를 나누어 마시던 신랑 신부! 그들에게 표주박은 사랑이 가득 담긴 '사
랑의 그릇'이었다.

한자로 '표자瓢子'라고 하는 표주박은 조롱박(또는 호리병박)으로 만든 그
릇이다. '박'과의 한해살이 넝쿨풀이 조롱박인데, 그것에 맺히는 열매로 만
든 바가지가 곧 표주박이다. 그 열매의 속을 파낸 뒤에 삶고 말려서 옻칠을
하면 제대로 된 표주박이 완성되었는데, 물론 옻칠 안 된 상태로도 흔히 사
용되곤 했다.

표주박은 대개 그 모양새가 날렵하다. 비교적 긴 자루같이 생긴 것 끝에

조롱박 속을 파낸 뒤에 삶고 말려서 옻칠해
만드는 표주박은 물을 푸고 담는 그릇이다.
옛사람들은 물을 담아 건네며 정도 함께 건넸
던 것 아닐까?

동그랗고 오목 패인 머리가 붙어 있는데, 그것이 물을 푸고 담고 하는 그릇
이 된다. 표주박에는 으레 자루 끝에 고리 줄이 달려 있었는데, 그걸 이용해
서는 허리춤에 차기도 했다. 옛날 같으면, 표주박을 허리춤에 찬 사람은 영
락없는 과객이고 나그네였다. 그걸 달랑대며 차고 다니다가는 우물이나 샘
을 만나면 시원하게 표주박으로 떠올려 한 모금 들이켰을 것이다.

지름길 묻길래 대답했지요.

물 한 모금 달라기에 샘물 떠주고

그리고는 인사하기에 웃고 받았지요.

평양성에 해 안 뜬대도

나는 모르오.

웃은 죄밖에.

퍽이나 익살이 넘치는 김동환의 시 「웃은 죄」에서, 여인은 뭘 몰라도 한참 모르는 듯하다. 낯선 나그네가 그 여인의 빙긋한 미소에 문득 넋을 잃을 판인데, 그래서 그게 평양성에 해 안 뜨는 만큼이나 크나큰 변인데도 "나는 몰라요"라니? 또 한술 더 떠서는 "웃은 죄밖에", 다만 그것뿐이라니? 아마도 여인은 시치미 떼고 넉살을 떨고 있는 모양이다.

한데 이 장면에서 여인은 무엇에 물을 담아서 나그네에게 건네었을까? 모르긴 해도 표주박이라야 가장 격에 맞는 장면이 될 것이다. 이렇듯이 정을 담아 오가던 그 표주박! 어쩌면 이런 장면에서 옛사람들은 물을 마시기보다 정을 마셨던 게 아닐까?

대 빗자루, 싸리 빗자루

빗자루는 지저분한 것이나 치워서 버려야 할 것 등을 쓸어내는 데 쓰이는 연장이다. '쓸개'라고 불러도 괜찮을 테고, 빗자루를 줄여서 그냥 '비'라고 부르기도 했다.

빗자루에는 방에서 쓰는 '방 빗자루'와 뜰이나 마당을 쓰는 '마당 빗자루'가 있다. 물론 그 외에도 마루나 곳간, 부엌을 쓸어내는 데 전용으로 쓰이던 빗자루가 따로 있었다.

뜰이나 마당에 곱게 대 빗자루 자국을 남기며 쓸어내면 여인네가 머리를 빗질해 다듬은
것처럼 정갈하고도 아름다웠다.

요즘 같으면 진공청소기나 스팀 청소기를 사용하겠지만, 두어 세대 전엔 방청소를 할라치면 으레 비로 쓸고 나서 물걸레로 닦았다.

빗자루를 만드는 재료는 여러 가지다. 대나무 잔가지를 엮어서 만들면 대 빗자루요, 싸리나무 가지로 만들면 당연히 싸리 빗자루가 되었다. 또 섬세한 청소가 필요한 방의 경우에는 억새나 갈대로 만든 빗자루를 사용하기도 했다.

'빗자루 든 놈 보고 마당 쓸라고 한다.'

이 속담은 '그러잖아도 알아서 뭔가를 하려는 사람에게 구태여 또는 쓸데없이 다그친다'는 뜻이다. 이렇듯, 쓰는 일 가운데서 가장 큰일이 마당 쓸기일 텐데, 그것은 당사자가 부지런하고 꼼꼼하다면 평소 마당의 상태를 보아도 충분히 알 수 있는 일이었다.

쓰레기며 잡동사니를 대 빗자루로 쓸어낼 적마다 마당에선 얄게 흙먼지가 인다. 그걸 참아내며 비질을 계속하면 드디어 마당이 티 하나 없이 말끔해진다. 한데 그냥 말쑥하기만 한 게 아니다. 뜰이며 마당 바닥에 곱게 빗자루 자국이 그어지게 마련. 줄줄이, 또 겹겹이 그어진 마당의 모습은 너무나 정갈하고도 아름다워 보였다. 보기에 따라서는 아리따운 여인네가 이제 갓 빗질해 다듬은 머리카락처럼 느껴지기도 할 테니. 그래서도 마당 쓰는 대 빗자루며 싸리 빗자루는 마음을 다듬게도 한 것이다.

한데 이제 아파트에 마당이 없듯이 빗자루도 어느 구석에 처박힌 채로 찾아 쓸 일이 없게 되고 말았다. 진공청소기나 스팀 청소기에 제자리를 물려준 채 사라지고 말았다. 아니, 전기 청소기가 아예 빗자루를 쓸어내고 말았다.

불쏘시개

옛날에는 집 안에 불이 많았다. 불기운이 끊기면 집안 살림이 끊긴다고들 생각했으니, 부엌에는 끼니 짓는 아궁이 불, 또는 방에 불기운 들게 하는 군불, 뜰에 피운 모닥불과 화톳불, 그러고도 모자라 방에 피운 화롯불까지…… 혹은 타오르고 혹은 이글대면서, 불은 늘 우리 주변에 있었다.

아이들 역시 불을 가지고 재미나게 놀았다. 밤이나 고구마 따위도 구워 먹었고, 정월 대보름엔 달집태우기나 쥐불놀이를 신나게 놀았다.

하고많은 불들을 피우고 일구고 하자면 불쏘시개가 제구실을 해야 했는데, 줄여서 그냥 '쏘시개'라고도 불렀다. 장작불이나 숯불 따위를 일구거나 피울 때 사용되는 종이 쪽이나 마른 나뭇잎 또는 짚 부스러기가 다름 아닌 불쏘시개다. 거기에 불을 붙여서는 그 불길이 장작이나 숯불에 옮아 붙도록 하는 것이다. 그러니 불쏘시개는 이를테면 도화선導火線 구실을 하는 셈이어서 '밑불'이라고 불러도 괜찮을 것 같다.

몇 세대 전 같으면 부엌 아궁이 가까이에는 으레 불쏘시개가 마련되어 있었다. 지푸라기, 마른 나뭇잎, 그리고 잘 마른 잔 나무토막이 불쏘시개 노릇을 맡아 했다.

우선 아궁이 들목의 바닥에 불쏘시개를 깐 뒤에 성냥으로 불을 붙인다. 작게나마 불길이 일면 아주머니는 거기에 대고 입김을 불었다. 연기가 피어오르면 눈이 따가워 손으로 눈을 비벼대기도 했다. 그런 뒤에 불이 제대로 붙으면 활활 부채질을 했다. 그러다 불길이 커지면 비로소 굵직한 장작을 그 위에 얹어 놓았다. 물론 솜씨 좋은 사람은 아궁이에 불길이 잘 통하도록 장작을 포개 놓은 뒤에 그 아래 공간에다 불쏘시개를 넣기도 했다. 이런 경우엔 적은 양의 불쏘시개로도 충분히 불이 잘 일었다.

불, 모닥불

불에는 그 속성과 구실과 의미가 매우 많고 다양하다. 긍정적인 면이 매우 큰가 하면, 부정적인 면도 결코 적지 않다. 불은 '붙이고, 지피고, 지르고, 태우고, 밝히고, 켜고, 놓고, 끄고, 탄다.' 동사가 자그마치 아홉 개나 걸려 있다. 그만큼 불은 성질이 까다롭고 쓰임새도 여간 아니다.

'물불 가리지 않고'라는 말이 있다. '수화불통水火不通'은 '물과 불이 서로 통할 수 없듯이, 어느 두 사람이 서로 상종하지 않음'을 의미한다. 또 '수화상극水火相剋'이라면 '두 사람이 서로 원수로 지내는 것'을 의미한다. 이렇듯 불과 물을 대비시키지만, 그 말의 쓰임새로는 물이 불을 당할 수 없다.

물을 '마시다·들이켜다·붓다·채우다·끓이다' 등등 여러 가지 동사를 물에 붙여서 쓸 수 있지만, 이 동사들은 물에만 붙여서 쓰는 것이 아니다. 그러나 위에서 언급했던 것처럼 불에 붙여서 쓰이는 동사 중에서 여섯 가지는 오로지 불만의 것이다. 불은 그만큼 개성이 강하다.

그뿐만 아니다. 불은 다른 명사와 어울린 복합명사도 하고많이 빚어내고 있다.

'불길, 불기둥, 불기운, 불꽃, 불티, 불김, 불깃, 불똥, 불등걸, 불땀, 불목, 불볕, 불벼락, 불난리, 불빛, 불심지, 불바다, 불씨, 불내음, 불장난' 등등은 모두 다 불과 관련된 명사로서 일상적으로 통용되는 낱말이다.

불은 그 쓰임새도 다양하다. 불과 관련된 말이 위에서처럼 많이 쓰이고 있다는 것은, 불 그 자체가 인간의 생활이며 문화에서 맡아내고 있는 역할이며 기능이 다양하고 중요하다는 것을 의미한다.

이토록 쓰임새가 많고 보니, 불은 그 의미며 상징도 만만치 않다. 그나마 그 상징성이 서로 상극으로 맞서 있기도 하다. 인간의 행동으로는 '건설, 창조, 떨치고 일어섬' 등을 상징하는 한편, 인간의 마음으로는 '열정, 분발奮發' 따위를 의미하고 있다. 그뿐만 아니라 '화력火力'이란 말이 있듯이, 불은 에너지이기도 하다. 그런가 하면 불 자체의 속성으로 '광명'이나 '밝음' 등도 의미한다.

이것들은 모두 불의 좋은 의미다. 한데 전혀 반대로도 쓰인다.

가령, 살림이 불같이 일기도 하지만, 그 살림이 한순간에 불타 없어질 수도 있다. 불기운으로 내달리던 증기 기관차가 그 불기운에 타서 파괴될 수도 있다. 이럴 때의 불은 파괴의 상징이 된다.

한국인은 격하게 노여워할 때, 그걸 아예 '화'라고 했다. '화를 낸다'고 하는 그 화는 한자로는 아예 '불 화火' 자를 쓴다. '화증'도 한자로는 '火症'이라고 쓴다. 노여움의 노기怒氣는 아예 마음이 불타오르는 '화기火氣'다. 그래서들 '화통'이 터진다고 하고 '울화통'이 터진다고도 한다. 마음의 화산이 폭발하는 셈이다.

불의 나쁜 뜻은 이들로 그치지 않는다. '불장난'이라면 남녀 간의 곱지 못한, 흉한 관계를 일컫는다. '불씨'라면 말썽이나 나쁜 사건을 일으키는 동기나 원인을 가리킨다. 그런가 하면 '불똥이 튄다'고 하면, 나쁜 일이 옮겨온다는 뜻이다.

한국인은 이처럼 불을 두고서 하고많은 생각을 해왔다. 그것은 집 안의 불에 대해서도 다를 바 없을 것이다.

앞에서 살펴본 것처럼, 몇 세대 전의 한국의 집 안에는 불이 많았다. 집
채 안에서라면 부엌의 아궁이 불이나 방 안의 화롯불이 있었고, 집채 바깥
에선 모닥불이나 화톳불이 타올랐다. 모닥불은 모락모락 타고 화톳불은 활
활 탔다. 모닥불은 주로 검불을 태우다 보니 큰불은 아니었다. 가령, 마당에
서 타작을 하고 난 다음에는 검불이 모이게 마련이라서 그걸 치우기 위해서
도 으레 모닥불을 피우곤 했다. 물론 아이들은 일부러 모닥불을 피우기도 했
다. 장난삼아 모닥불 피우는 게 재밌었던 것이다. 말 그대로 불장난을 즐긴
것인데, 그러면서 밤이나 고구마, 콩 따위를 구워먹곤 했다.

그러나 화톳불은 주로 어른들이 피웠다. 뜰이나 마당 아니면 아예 집 바
깥의 한데서 피웠는데, 한겨울 바깥에서 일하다가 한기가 들면 몸을 데우기
위해서도 으레 굵은 나무토막이나 장작을 모아서는 화톳불을 피웠다. 그렇
게 불을 에워싸고 둘러앉아 불기운을 쬐면서 이 얘기 저 얘기를 나누기도 했
다. 그러다가 더 신이 날 적에는 화톳불 둘레에서 뱅글뱅글 춤추며 신바람
을 피우기도 했다. 그것은 흥의 불길이었다.

한데 이제 우리들 곁에서 그 모든 불이 꺼지고 말았다. 불의 찌꺼기도 보
이질 않는다. 그만큼 우리들 삶에 어둠이 끼고 냉기가 돌고 있는 건 아닐까.

부삽, 부지깽이, 부집게, 부젓가락, 불손

지난 시절, 불의 쓰임이 다양하고 긴요하다 보니, 불을 다루는 데 쓰이는
연장이며 도구도 가지 수가 적지 않았다. 부삽, 부지깽이, 부집게, 부젓가
락, 불손…… 그런 여러 연장으로 불을 다루고 불길을 관리하면서 우리 한

부지깽이는 아궁이의 불길이며 재를 헤집고
모으는 데 사용한 나무 작대기다.

국인은 살아왔다.

　부삽과 부지깽이와 부집게는 주로 부엌에서 사용되었다. 부삽은 흙을 파
고 뒤집거나 밭갈이에 사용되는 일반 삽에 비하면 사뭇 작다. 대개 납작한
사각형 모양인데, 일반적인 삽 크기의 절반도 안 되었다. 이것으로는 아궁
이의 재를 치우고 긁어내는 데, 또는 장작 타다 남은 숯불을 모으고 옮기는
데 사용했다.

　부지깽이는 나무 작대기다. 아궁이의 불길이며 재를 헤집고 모으고 하는
데 사용되었다. 부집게는 한 줄의 양철을 반으로 접은, 좁다란 'ㅅ' 자 모양
인데, 타고 있는 나무나 숯불을 집는 데 사용한 일종의 집게다.

　이들에 비해 부젓가락과 불손은 방 안의 화로에서 제 구실을 맡아 했다.
부젓가락은 문자 그대로 '불에 쓰이는 젓가락'이란 뜻이다. 화로의 숯불을
헤집고 모으고 하는 구실을 했다. 한편 불손은 자루 끝에 작은 손바닥 모양

176

이 붙어 있다고 해서 붙여진 이름이다. 주걱같이 생긴 이 불손은 타고 있는 숯불을 재에 묻어 재우는 데 사용되었다.

한데 이런 불에 쓰인 연장은 남자가 사용한 게 아니었다. 대개는 여성의 손길에서 제 구실을 맡아 했던 '여성의 도구'였다. 이것은 한 집안의 불의 관리자가 여성임을 말해준다. 불 자체의 상징이 대개 남성과 연관된다는 점을 생각할 때, 야릇한 느낌이 든다. 그러나 불의 연장이 대개 여성을 위한 것이었고, 그래서 불의 관리가 여성의 손으로 이룩되는 것임을 무심코 보아 넘길 수는 없다.

전통 사회에서 불은 여성의 것이었다. 그 여성의 불기운이 오늘에 더 한층 뜨겁게 달아오르기를 바란다.

성주단지, 터주항아리

전통의 한국 사회에서는, 그중에서도 농촌 사회에서는 집집마다 고유의 신을 모시고 살았다. 그들을 통틀어 가신家神, 곧 '집 안의 신'이라 부를 수 있을 것이다. 집 안에 신을 모시고 살았으니, 집이 곧 신전神殿, 이를테면 신을 위한 거룩한 건물이었던 셈이다. 우리의 옛집은 모두 거룩한 성전聖殿이었다고 말해도 좋을 것이다.

그 가신으로 '터주(신)' '성주(신)' 그리고 '조왕(신)'이 모셔져 있었다. 이 가운데서 터주는 이름 그대로 집터 전체를 다스리는 신이다. 보통은 오쟁이 안에 베 석 자와 짚신 등을 넣어서 달아두고는 그걸 터주로 섬겼는데, 이때의 오쟁이는 먹서리나 섬과 크게 다를 바 없이 짚으로 엮어 만든 그릇이라고 해도 괜찮을 것 같다.

그런가 하면 터주항아리라는 말이 일러주듯이 터주는 오지로 된 항아리에 모셔져 있기도 했다. 항아리 안에는 벼 따위의 곡식이 들어 있었는데, 이로 보아서 터주는 곡령穀靈, 즉 곡식의 신령神靈이기도 했던 것 같다. 곡령은 곡식을 잘 자라게 하고 풍년이 들게 하는 신령이다.

이 점은 성주에서도 마찬가지다. 성주는 집의 신 또는 가옥의 신인데, 이역시 곡식이 든 성주단지라는 작은 단지 또는 독 속에 모셔져 있었다. 농촌생활에서 곡식은 그야말로 절대적인 비중을 차지하는 먹을거리였다. 사람이죽고 사는 문제가 다 거기 걸려 있었으니, 곡식 자체가 신으로 섬겨지기도했던 것이다. 터주가 그렇듯이 성주 또한 짚으로 짠 작은 그릇에 모시거나, 한지에 싸서 용마루의 들보에 매달아 모시기도 했다.

한편 부엌에서는 조왕신을 모셨는데, 이것은 부엌이 한 집안의 살림살이에서 갖는 크나큰 구실에 대해서 말해준다. 가정생활을 통틀어 살림살이라고 일컫는 중에 '부엌살림'이란 말이 따로 있었던 것만 보더라도 부엌이 갖는 의미를 새삼 헤아리게 될 것이다.

한 집 안에 터주, 성주, 조왕 등 셋이나 되는 신령을 모셨던 것은 무엇을의미할까? 그것은 주거 공간인 집이 거룩하고 귀한 곳으로 섬겨졌다는 것을의미할 터. 그래서 '터 고사'나 '성주 고사'라 해서 무당을 불러다가 고사를올리기도 했던 것이다.

그러나 오늘날에는 그 세 가지 신령의 모든 자취가 지워지고 말았다. 집안에서 집이나 곡식에게 절을 올리고 공경을 표하다니, 그런 풍습이 남았을턱이 없다. 오늘날엔 집도 아파트도 부동산이라는 단 한마디로 묶여지고 말았고, 그나마 자산이고 돈으로 여겨질 뿐이다.

회초리, 매

'매 맞는다!' 말만 들어도 아픔이 느껴진다. '매 좀 맞아볼까?' 그 소리만으로도 예전의 아이들은 울상을 지었다. 두어 세대 전만 해도 흔히 듣던 말이다.

매나 회초리는 아무래도 말 안 듣는 어린이를 상대로 많이 사용되었다. 회초리도 비슷한데, 주로 싸릿대를 재료로 해서 만들어지곤 했다. 반면 마소 따위의 가축을 부릴 때 사용한 회초리는 채찍이라 불렀다.

아이가 나쁜 짓이나 못된 짓을 했을 때, 말 안 듣고 고집을 부릴 때, 어른은 곧잘 회초리를 들었다. 그걸 '매맛 보인다'고도 했는데, 그건 집 안에서나 서당에서나 마찬가지였다.

우선 아이로 하여금 바지를 걷어 올려 종아리를 내놓게 한다. 어른들은 매나 회초리로 종아리를 때렸다. 그래서 싸릿대나 나뭇가지로 된 회초리나 매를 일컬어 특별히 '종아리채'라고 부르기도 했다. 찰싹찰싹, 매질이 계속되면 종아리에 회초리 자국이 벌겋게 생긴다. 아이는 아프다고 소리치면서 펄쩍펄쩍 뛴다.

'너, 이래도 말 안 듣기냐?' 어른이 소리치면,

'잘못했습니다. 다신 안 그럴게요!' 아이는 죽는 소리를 지른다.

이래서도 '매 앞에 장사 없다'는 소리가 생겼다. 매 맞고 견딜 사람이 없다는 뜻이다.

반면 '매 끝에 정 든다'는 속담도 있다. 부모 자식 사이의 회초리가 오히려 한층 사랑을 느끼게 해준다는 뜻이다. 아이는 회초리를 맞으면서 부모의 사랑을 느끼고, 매질하는 부모는 맞는 아이가 애처로워서 더 사랑하게 된다

어른들은 매나 회초리로 종아리를 때렸다. '매
끝에 정 든다' 는 속담도 있지만, 이젠 집에서
도 학교에서도 대부분 사라지고 없다.

는 것을 의미했다.

그런가 하면, '매도 먼저 맞는 게 낫다'는 속담도 있다. 어려운 일, 고된 일일수록 남보다 먼저 감당해내는 게 좋다는 뜻이다.

조선 시대에는 죄인에게 '태형笞刑'이며 '장형杖刑'을 안겼는데, 이것은 몽둥이로 죄인을 매질하는 지독한 형벌이었다. 하지만 아이들에게 가해지는 매질은 벌주기를 겸한 교육이요 가르침이었다. 그래서도 '매 맞고 자라는 게 어린이'라고 했던 걸까? 대개는 따끔한 가르침을 주기 위한 방편이었을 뿐, 예전에는 폭력이라 불릴 만한 사고는 거의 없었다.

그러나 이젠 가정에서 매가 사라지고 없다. 아이라고는 대개 하나씩만 두는 게 세태이다 보니, 그 귀염둥이에게 매질이라니…… 어림도 없는 일이다. 뿐만 아니라, 이젠 학교에서도 아예 체벌體罰 자체가 불법행위로 간주되도록 조례가 만들어지는 판국이다. 이젠 매 맞고 자랄 아이도, 매질할 어른도 없다.

지게

지게를 진 남정네가 앞서 걸어간다. 몇 동아리로 묶고 엮은 짐은 제법 묵직해 보인다. 그 뒤를 머리에 짐을 인 아낙이 따르고 있다. 그것 역시 결코 가벼워 보이지는 않는다. 두어 세대 전만 해도 이런 모습을 시골에서 자주 볼 수 있었다. 가을 수확이 끝난 들판에서나 장 보러 오가는 길에서도 그랬다. 심지어 이삿짐을 옮길 때에도 크게 다르지 않았다.

지게는 어느 가정에나 갖추고 살던 필수품이었다. 물론 짐을 실어 나르는 데 사용했던 기구지만, 지난 시절의 남정네들은 물건뿐만 아니라 인생이란 짐을 지고 나르면서 목숨을 부지했다.

　누구나 알다시피, 지게는 남성이 등짐을 실어 나르는 데 이용했던 기구다. 예전 같으면 어느 가정에나 반드시 갖추고 살던 운반용 필수품이었다. 물론 '볏짐 한 지게'라고 할 때의 '지게'는 짐을 세는 단위로 이용되기도 했지만, 이 말 역시 짐 지는 지게에서 갈려 나온 말이다.

　지게는 집집마다 남정네가 손수 만들어 썼는데, 굵은 나뭇가지 두 개와 작은 나무 여러 개를 깎고 다듬어 만들어내는 과정이 쉽지만은 않았다. 가벼운 재료를 구해다 사용하면서도 무거운 중량을 감당하도록 튼튼하게 만들어야 했기 때문이다.

　지게는 몸체와 지겟가지, 지겟다리로 구성되어 있다. 몸체는 지게를 진 사람의 등에 닿게 될 지게의 윗몸 격이다. 또 지겟가지는 몸체에서 'y' 자로

182

뻗어 나간 뒤쪽의 가지인데, 그 위에 짐을 싣게 되어 있다. 지게의 아랫부분은 지겟다리라고 불렀다. 지게를 땅에 내려놓을 때 균형 맞춰 잘 버티고 서 있는 노릇을 했다.

지게의 필수품으로는 이 외에도 지겟등태와 지겟작대기 따위가 있었다. 사람이 지게를 질 때 등과 맞닿는 부분이 배기지 않도록 짚으로 엮어 받치는 것이 지겟등태고, 지게를 버티어 땅에 세울 수 있도록 하는 것이 지겟작대기다. 지겟작대기는 지게를 지고 일어설 때 균형을 잡아 힘을 쓰는 데에도 결정적인 도움을 주었다.

지게로 짐 나르는 것을 지게질이라고 불렀는데, 지난 시절 이 땅의 남정네들은 물건 가지만 져서 날랐던 게 아니다. 아예 인생이란 짐을 지고 나르면서 목숨을 부지했다. 그들에게 인생은 지게 위에 올려진 짐과 다를 바 없었다. 그러니 예전 사람들은 누구나 인생을 짊어진 지게꾼이었던 셈이다.

사라진 장사들, 장수들

그들은 마을의 고샅을 누비고 다녔다.
"뭐 뭐 사려!" 외치는 소리, 온 골목에 메아리쳤다.
등짐으로, 어깨짐으로, 또는 머리에 인 짐으로,
아니면 손수레로,
별의별 것 팔고 다니던 그들
이젠 기척도 없다.

방물장수

세상이 달라지다 보니, 직업도 달라지고 말았다. 상업商業이란 말이 장사며 장수라는 말을 삼키고 말았다.

지나간 묵은 시절에 우리나라에서는 사람들의 신분이며 계층을 넷으로 갈랐다. 이른바 사농공상士農工商이 그것이다. 선비 다음이 농사꾼인데, 이 둘 사이에는 신분의 높고 낮음이 심각했다. 하지만 공업으로, 그나마 수공업으로 각종 연장 따위를 만드는 공장工匠, 곧 장인은 더 천하게 여겨졌다. 무슨 무슨 '장이'란 말은 이들을 두고 일컬어졌다. 집을 지을 때 벽을 바르는 미장이, 유기 그릇 만드는 유기장이, 가구를 만드는 장장이 등등. 이들은 남 없는 재주를 가지고도 천대받기 마련이었다.

한데 그 장인 아래가 또 있었다. 상인은 사회적인 신분으로는 바닥에서도 아주 밑바닥이었다. 사회의 밑창을 기어야 했다. 우리가 살아가는 데 꼭 필요한 물품을 보급해주는 역할을 했음에도 장수, 장사꾼 같은 사람들은 모든 천덕꾸러기고 천더기였다.

하고많던 장이가 사라지고 그와 함께 장사꾼이며 장수도 기울고 말았다. 아이들 눈엔 엿장수가 보이지 않고, 아주머니들의 눈에는 소금 장수가 안 보인다. 그러니 방물장수는 더 말할 게 못 된다.

한데 '방물'이라니, 그게 뭘까? 21세기를 사는 우리들의 귀에는 무척 설다. 방물은 두 가지 뜻이 있다. 하나는 '별의별 상품'을 일컫는 말로 '잡화'와 거의 같은 뜻이다. 다른 하나는 여자가 쓰는 물건으로, 실이며 바늘, 바느질 그릇 따위와 화장품을 비롯한 화장 도구 등을 가리킨다. 그래서 방물 장사 노릇하는 방물장수는 으레 아주머니였다.

방물장수 아주머니는 방물 그릇을 머리에 이고는 '방물 사려!'를 외치며 온 동네며 고을을 누비고 다녔다. 집집마다 찾아다니면 마을 아주머니들도 반겼다. 아쉬운 물건을 집에 앉은 채로 손에 넣게 되니까, 고맙고도 반가웠던 것이다.

툇마루에 앉아서 물건을 고르고 흥정을 하는 것도 재미있다. 한데 단골인 아주머니나 처녀가 물건만 갖게 되는 건 아니었다. 이웃 마을이며 세상의 온갖 소문을 돈 한 푼 안 내고 거저 얻을 수 있으니 그 재미가 더 쏠쏠했다. 말하자면 방물장수는 통신원이며 저널리스트를 겸직하고 있었던 셈이다. 그래서 마을 아낙네들과 방물장수가 벌이게 되는 판을 따로 일러서 '방물판'이라고 했는지도 모르겠다. 세상에 있는 온갖 물품이며 사건이 모두 그 위에 오르내리곤 했으니 말이다.

188   허나 오늘날에는 손바느질하는 여성이 드물게 되었고, 화장품이며 온갖

가재도구를 백화점에서 얼마든 쉽게 구할 수 있게 되었다. 그러니 방물과
방물장수에 관련된 온갖 추억도 이젠 옛이야기가 되고 말았다.

엿장수

'엿 먹어라!' 또는 '엿 먹이다!' 둘 다 좋은 말이 아니다. 사람들은 남을
골탕 먹이거나 욕보이는 걸 주로 엿에 걸었다. 애먹이는 게 '엿 먹이기'니까
말이다. 그러니 '엿'이 그만 '애'가 되고 만 것이다.

그 쫄깃하고 입에 감치는 엿이 왜 이 모양 이 꼴이 되었을까? 욕심 부려
큰 엿을 제대로 씹지도 않고 꿀꺽 삼킬라치면 곧잘 목에 걸려 애를 먹곤 했
기 때문일까? 질기고 쫀득거리는 게 엿인지라 더러는 목이 막히기도 했던
탓일까?

한데 골탕이 되고 애가 되던 엿이 어떨 때는 사나운 심보가 되기도 했다.
'엿장수 마음대로!'라면, 남이야 어떻든 손님이야 어떻든 제멋대로 구는 것
을 일컫는다. 엿판에 깔린 두껍고 널따란 엿을 칼질해서 자를 때 굵게 자르
건 잘게 자르건 그건 모두 엿장수 마음먹기 나름이라서 그랬던 걸까? 아니
면 아이들이 치르는 엿 값은 같은데도 그때그때 기분에 따라 잘라내는 엿 크
기가 달랐기 때문일 수도 있겠다.

하지만 읍내에서든 시골에서든 엿장수는 아이들에게 인기가 좋았다. 골
목 안에 부려놓은 지게 위에, 혹은 엿장수가 끌고 다니는 손수레 위에 엿판
이 덩그러니 놓일라치면 아이들은 어느새 눈을 부라리면서 그걸 둘러싸곤
했다.

엿장수 마음대로라니! 아이들이 치르는 엿 값은 같은데도 그때그때 기분에 따라 잘라내는 엿 크기가 달랐기 때문일까?

철커덩! 철커덩!

요란한 가위질로 엿장수 아저씨는 아이들의 마음을 들쑤셔댄다. 하지만 돈이라곤 구경하기 힘든 코흘리개 아이들로서는 그림의 떡일 수밖에 없다. 어쩌다 용돈이 생겼거나 값나가는 고물을 모아뒀던 녀석이 "자요!" 하고 내밀 적에나, 엿장수는 "좋아, 많이 줄게!" 하며 흥정을 붙일 수 있었던 것이다.

도끼처럼 넓적한 엿 칼을 엿 덩이에 박고는 엿가위로 두들겨댄다. '철꺽! 철꺽!' 질긴 소리 울리면서 엿이 잘려서 토막진다.

"우와!"

그걸 받아 든 꼬맹이가 한입, 엿을 물고는 내달린다. 혹시나 하고 한두 녀석이 뒤를 따라 뛴다. 하지만 이젠 없어진, 이런 정경! 옛사람들의 눈에 익은 이 정경은 가고 없다. 캔디에 밀리고 초콜릿에 밀려서는 사라지고 없다.

소금 장수

짠맛과 매운맛은 한국인에게는 으뜸가는 두 가지 입맛이다. 대표적인 이대 미각이다. 여기에 하나 더, 고소함을 보태면 우리들 한국인이 즐겨온 삼대 미각이 갖추어지게 된다. 짜고 맵고 고소한, 그 입맛을 우리면서 우리들은 살아왔다.

입맛만이 아니다. 인생의 맛에서도 마찬가지다. 매운 인생과 짠 인생, 그리고 고소한 인생, 그 세 가지 인생이 전통적으로 한국인의 삶 속에 스며 있었다. 하지만 고소한 맛은 간과 매움에 견줄 때, 한국인의 기본적인 미각으로서는 다소 처지는 편이다. 누가 뭐래도 한국인에게는 매운맛과 짠맛이 단연 큰소리치고 나서게 되어 있다.

'매운맛 좀 볼래?'라고 소리 지를 때, 그 매운맛은 인생의 맛이고 목숨의 맛이다. '짠맛, 매운맛 다 보고'라면 인생을 살면서 어려운 일과 고단한 일을 고루 겪어간다는 것을 가리킨다. 짜고 매운 것, 그게 바로 한국인의 인생이고 목숨을 상징하는 맛이었다.

그러기에 '짭짤하다'고 말하면 입맛만을 얘기하는 게 아니었다. 가령 '저 부인네 살림살이가 짭짤하다'고 하면, 그 아주머니가 야무지고 다부지게 살림을 잘 꾸려간다는 것을 가리킨다. 물론 부녀자의 살림만 그런 게 아니었다. 누구나 무엇이든 알뜰하고 살뜰하고 야무지게 다루고 해나가면, 그것을 두고 '짭짤하다'거나 '쩝쩔하다'고 일렀다.

한편, 짭조름하지 못하면 '짭짤찮다'고 하거나 '짭질찮다'고 했는데, 이 말은 특별하게 사람됨이 흉스러움을 가리킨 말이다. 또 성질이 '짭조름하다'면 '제대로 곧고 굳다'는 뜻이다. 그러니 짠 것은 입맛으로나 사람됨으로나 다 같이 바람직하게 여겼던 것이다.

그런가 하면 '맵싸하다'라는 말도 있었다. 맵고도 싸한 게 '맵싸함'인데, 이 경우의 '싸함'은 혀나 입안 또는 목구멍이 약간 아린 듯하면서도 시원하다는 의미다. 그런 맵고 짬이 하나로 어울린 맛을 한국인은 즐겨왔다. 아리면서도 시원한 '맵짠맛!' 맵고도 짜고 짜고도 매운 맛이 바로 '맵짠맛'인데, 달고 기름진 인스턴트식품에 길들여진 요즘의 아이들에겐 영 낯선 맛일 듯하다.

한데 짠맛은 '간'이라고 했다. '간기' 또는 '간 기운'이란 말도 사용되었다. 간이 맞으면 '간간하다'거나 '간간짭짤하다'고도 표현했다. 그런 간은 맛의 기본이라서 '간도 모른다'는 속담이 생겨나기도 했다. 간을 맞추는 것은 물론이고, 일이나 말 또는 물건의 제대로 된 속내를 모른다는 뜻이다. 이 속담에서의 간은 무엇인가의 참 알맹이고 내용을 가리킨다.

그런 간 또는 간기는 당연히 소금에서 비롯된 맛이다. 간을 친다, 간이 오른다, 간을 맞춘다, 간을 본다 등은 소금 없이는 불가능하다. 그러니 간은 바로 소금 기운이다. '소금도 없이 간 내 먹는다'고 하면 바탕이 마련되지도 않은 채로 무슨 일을 하려고 든다는 뜻이다. 그것은 소금이 음식 맛의 기본이고 바탕인 데서 유래한 말이다.

그래서도 소금 장수는 여간 요긴한 구실을 맡고 있던 게 아니다. 소금 장수 사내는 어깨에 소금 짐을 메고 동네방네 장사를 다녔다. 여인네의 경우엔 동이에 소금을 담아서는 머리에 이고 다니기도 했다. 마을을, 집집을 고루 찾아다니던 그 소금 장수가 없었더라면, 한국의 아낙네들은 간장도 된장도 담글 수 없었을 것이다. 식구가 먹는 음식에 간도 맞출 수 없었을 것이다.

소금 장수 덕을 입고는 집집마다 식솔의 입맛이 지켜졌다. 먹을거리 고루 갖추고는 우리네 삶이, 그리고 목숨이 지탱되었다. 그러나 이제 도시에서는 물론 시골에서도 마을을 찾아드는 소금 장수를 볼 수 없다. 그래서 그럴까? 인생에서 간 기운이 떨어지고들 있다고 느끼게 되는 것이.

물장수

몇 세대 전만 해도 물짐 지고 다니면서 물을 파는 장수가 있었다. 지금은 어느 도시에서나, 그리고 웬만한 시골 마을에서도 수돗물을 식수로 삼고 있다. 그러나 수도가 가설되지 않았던 그 시대엔 식수를 어떻게 구했을까? 시골에서야 당연히 샘물이나 마을의 공동 우물에 의지했고, 산골이라면 맑은 개울물을 식수로 이용했을 것이다. 더러 살 만한 집에는 사설 우물물이 따로 설치되어 있기도 했다. 그러니까 시골이라면 물장수 같은 게 있을 턱이 없었다.

그러나 도시라면 문제는 달라진다. 집집마다 우물이 있었던 것도 아니고, 간혹 기계식으로 지하수를 긷는 '펌프'가 설치된 집도 있었지만, 그게 흔하지는 않았다. 공동 우물은 아주 귀했거나 있어도 멀리 떨어져 있기 십상이었다. 그러니까, 서울 같은 큰 도시에서는 식수가 문제될 수밖에 없었다.

그러니 식수가 모자라고 생수가 달리는 도시에서는 자연 물장수라는 직업이 생기게 된 것이다. 옛적에는 먹는 물을 상품으로 삼아 따로 팔러 다니는 장수가 있었다니, 지금으로는 좀체 상상할 수 없는 일이겠지만, 큰 도시에는 멀쩡히 물장수가 있었다. 물로 장사를 하는 장사꾼 말이다.

물장수는 대개 남성이었다. 큰 물동이 두 개를 앞뒤로 어깨에 메고는 집집마다 찾아다니면서 물을 팔았다. 대개는 주문을 받고 물을 받아다 줬지만, '물 사령!' 외치면서 마냥 물 살 사람을 찾아다니기도 했다.

한데 1945년, 8·15 광복 이후 한동안은 서울의 물장수 중에 어찌 된 일인지 함경도 출신이 많았던 것으로 기억된다. 그래서도 당시엔 '함경도 물장수'란 말이 많이 나돌았다. 그들은 너나없이 물동이 두 개를 나무 막대기 양 끝에 매단 물지게를 어깨에 지고 다녔다. 미리 정해진 큰 공동 우물에서 물을 길어서는 물이 귀한 동네를 누비고 다니며 물을 팔았던 것이다. 누구나 그 물을 생수 또는 식수로 썼다. 통이나 동이 가득 물이 철철 넘치는 것을 둘러메고는 도시의 골목 안을 구석구석 찾아다니던 물장수의 모습! 이젠 정말이지 까마득한 옛날 일이다.

고물 장수

리어카는 일종의 손수레다. 영어로는 'rear car'라고 쓰는데, 시골에서는 흔히들 '니야카'라고들 불렀다. 자전거 뒤에 달고 다니기도 했으므로 '뒤에 매단 차'라는 뜻으로 리어카라고 했던 것이다. 하지만 흔히들 손으로 끌고 다니기도 했으니 '손수레'라고 해도 괜찮을 것이다.

　고물 장수는 주로 손수레로 장사를 하러 다녔다. 하지만 요즘 사람들은
‘고물로 장사를 하다니?’ 하고 이상하게 생각할 것도 같다. 집에서 쓰다가
못 쓰게 된 물건, 그래서 폐물이 된 물건 중에 아주 내다버리기는 아깝거나
마땅치 않은 물건이 있다. 이런 물건을 고물古物이라고 불렀다. ‘낡은 물건’
이란 뜻이다.

　고물 장수는 그런 고물을 집집마다 들러서 사갔다. 손수레를 끌고는 ‘고
물 파셔요!’라고 외치고 다녔는데, 그 손수레에는 늘 고물이 수북 쌓여 있게
마련이었다. 그들은 못 신게 된 고무신을 고물로 사들였는가 하면, 못 쓰게
된 쇠붙이 연장이며 쓸모없는 철사 줄 따위를 사들이기도 했다. 물론 아주
머니들이 그 따위를 모아 두었다가 고물 장수에게 넘기기도 했지만, 대개는
아이들이 앞장을 섰다.

　고물 장수는 아이들이 들고 나온 고물을 눈대중으로 보아 값을 쳐주는가
하면, 쇠붙이는 저울로 무게를 재서 값을 매기기도 했다. 물론 그 값이 큰돈
일 턱이 없다. 대개는 푼돈이었다. 그러나 아이들로서는 신이 나는 일이었
다. 벼르기만 했던 장난감을 사거나 군것질거리를 살 수 있었으니 말이다.
돈이 많고 적고를 따질 것 없이, 돈이라고는 제대로 얻어 쓸 수 없는 처지의
아이들에게는 여간한 횡재수가 아닐 수 없었다. 말하자면, 버려서 마땅한
쓰레기로 푼돈을 챙기니 그야말로 땡잡은 게 되었던 것이다.

　그래서도 고물 장수는 수레 가득 고물을 실어가는 걸로 아이들의 인심을
샀던 것이다. 한데 오늘날은 아파트 단지마다 재활용 수거를 따로 하고, 시
골에서도 면에서 주관해 쓰레기를 따로 거두어 가니 푼돈으로 바뀌곤 하던
고물조차 온데간데없이 사라지고 말았다.

지금은 까먹은 그 노래들

멋 부림도
재주 피움도
노래에 걸었던 것,
세상 보는 눈,
삶을 살아가는 몸가짐,
그게 옛 노래에는 실려 있었다.
해서 노래는 어진 옛 사람들의
인생철학 같은 것.
목숨 가꾸듯이
노래 부르고
세상 살 듯이
노래 읊은 것.

언니야, 오빠야

언니 언니 우리 언니
시집갈 때 얼굴에는
빨강 앵두 세 개더니
집에 올 때 자세 보니
방울 방울 눈물방울

우리 오빠 남자라서
논도 차지 밭도 차지
대궐 같은 집도 차지
하늘 같은 부모 차지

요 내 여자라서

먹는 것은 밥뿐이요

입고 가기는 옷뿐이라

가르쳐주소 가르쳐주소

글공부나 가르쳐주소

위의 두 노래는 모두 여자가 부르고 있다. 아마도 어느 집의 따님인 모양이다. 제법 오래전, 이 땅에 살다 간 여성의 노래로는 두 민요가 다를 바 없다. 첫째 것은 여동생이 언니를 노래하고, 뒤의 것은 여동생이 그 오라비를 노래하고 있다. 그렇게 서로 다르지만, 노래하고 있는 사람의 처지며 속내는 별로 다를 바 없다. 묵은 시절, 전통적인 한국 사회를 살다 간 여성의 신세가 노래에 사무쳐 있기 때문이다.

언니를 두고는 여자로 살아야 했던 삶의 서러움이 노래되고 있다. 오라비를 두고는 누이의 애처로운 신세가 읊어지고 있다. 지나간 시절, 여성들이 겪었던 남녀 차별이 가슴 저리게 웅얼대고 있다.

앞의 노래에서 시집갈 때 얼굴의 앵두 셋이란 것은 신부의 얼굴 화장을 가리키는 말이다. 신부의 이마에 찍힌 빨간 곤지 하나와 뺨에 찍힌 두 개의 붉은 연지! 예쁘게 분단장을 한 얼굴에 곱게 찍힌 연지 곤지는 신부의 꽃다움을 나타내는 것이다. 그때의 신부는 화려한 꽃, 그 자체다. 그래서도 혼례를 마치고 시가로 신행을 갈 때는 꽃가마를 탔다. 꽃가마 안에 꽃이 앉아서 먼 길을 갔다. 그것은 축복 받은 길이었다.

한데 시집살이 하던 그 초기에, 신부는 한 번은 친정을 다녀오게 되어 있었다. 아름답게 차려 입고는 친정집을 찾아드는 것이다. 한데 앵두 찍혔던 그 자리에 눈물방울이 얼룩져 있더라는 것이다. 꽃다움은 어데 가고, 눈물만 얼룩져 있다고 노래되고 있다. 지난 시절, 여성들의 시집살이라는 게 어떠했던가를 알 수 있게 해주는 노래다.

이와는 달리 둘째 노래는 오라비의 처지며 신세를 노래하고 있다. 집도 논밭도 부모 사랑도 오라비 혼자 독차지하고 있다. 한 집안의 소유권은 그것이 뭐든 오라비에게, 남자에게 있다. 여자에게는 그런 소유가 없다. 여자의 차지라고는 달랑하니, 입고 있는 옷뿐이다. 뿐만 아니라 글공부도 남자 몫이다. 특별난 사대부의 집안이라면 모를까, 보통 집안에서 여자아이가 글공부를 하는 것은 어림도 없는 일이었다. 그래서는 평생을 눈 뜬 봉사처럼 살게 되어 있었다.

여동생이 오라비를 노래할 때나 언니를 노래할 때나, 여성의 서러운 신세를 읊기로는 다를 바 없다. 그래서 이런 노래가 잊혀지고 사라져간 것은 다행인 게 틀림없다.

가갸 거겨

가갸 가다가
거겨 거렁(개울)에
고교 고기 잡아
구규 국을 끓여
나냐 나도 먹고
너녀 너도 먹고

노뇨 노나 먹자

누뉴 누가 먼저

다댜 다 먹었나

더뎌 더 다오

도됴 도로 먹자

두듀 두지 말고

라랴 소리 하며

러려 너럼너럼

로료 요리하여

루류 누룽지까지

마먀 마자 먹자

이것은 한글을 노래한 노래다. 한글을 갓 배운 아이가 부르는 노래다.

꼬맹이에게 글공부는 힘들고도 지겨울 것이다. 난생처음 글이라고 배우니 그럴 수밖에. 게다가 글자가 스물여덟이나 되니 어린이들로서는 부담스럽지 않을 수 없었을 것이다. 해서 어떻게든 재미나게 신나게 공부할 방도가 필요했던 것이다. 그래서 만들어진 것이 이 「가갸 거겨 노래」다. 보통은 '마먀 마자 먹자'까지지만, 재미가 붙으면 꾀부리고 머리 써서 더 늘리기도 했다.

머며 멋지게 먹고

바뱌 밥도 먹자

버벼 버릇대로

사샤 사이좋게

서셔 서로 먹자

이쯤 되면 아이들에게는 공부가 장난치기만큼 재미났을 것이다. 말장난
을 겸한 노래 부르기가 공부라니, 효과도 만점. 아이들은 깔깔대기도 했을
것이고, 세종대왕께서도 미소 지었을 것이다.

짱아 짱아 꼬옹 꼬옹

짱아 짱아 꼬옹 꼬옹

앉은뱅이 꼬옹 꼬옹

절름발이 꼬옹 꼬옹

뒷집 방아 콩 콩

앞집 방아 콩 콩

찧어내니 쌀이요

지어내니 밥이라

먹고 나니 맛 좋다

이게 무슨 소릴까? 짱이 뭐기에 앉은뱅이고 절름발이일까? 그런 주제에
방아는 무슨 방아를 콩 콩 찧는단 말인가? 노래 자체만 가지고는 영문을 알
수가 없다. 하지만 이 노래는 알고 보면 무척이나 재미난 노래가 아닐 수
없다.

'짱아'는 꼬맹이들이 잠자리 보고 하는 말이다. 어른은 안 쓰는 말이다. 노래는 잠자리의 어느 순간의 모습을 재치 있게 그려내는데, 여간한 재치가 아니다. 재미도 솔솔하다.

한가한 밭둑이나 논둑의 풀잎에 짱아 한 마리가 앉아 있다. 고추잠자리든 장수잠자리든 상관없다. 풀잎에 찰싹 달라붙어 있는 꼴이 앉은뱅이 같다. 꼬리를 촐싹대면서 날개를 꼬무락대는 것이 어쩐 영문인지 절름발이처럼 보인다.

그뿐만 아니다. 짱아는 다른 모양을 짓기도 한다. 동그란 머리를 까닥거리고 있는 모습은 꼭 방아 찧는 것처럼 유난스러워 보인다. 그래서,

　　　앞집 방아 콩 콩
　　　뒷집 방아 콩 콩

이라고 장단을 치고 있다.

지나치는 결에 보게 된 잠자리 한 마리를 가지고도 이렇게 장난기 넘치는 노래 부르면서 멋 부릴 줄 아는 꼬맹이! 그런 아이들은 놀이의 천재다. 머리가 좋아도 예사 좋은 게 아니다. 이런 꼬맹이라면 다른 동물이나 벌레를 가지고도 멋 부림의 노래를 더 불렀을 것이다.

　　　꿩꿩 꿩 아저씨
　　　사는 집이 어디요
　　　요산 저산 넘어서
　　　솔바닥 집 내 집이지

무얼 먹고 사는데요
앞뜰에는 콩밭
뒤뜰에는 팥밭
아들 낳고
딸 낳고

그렁저렁 산다네

이렇게 노래하다 보면 꿩도 절로 친구가 되었을 것이다. 보는 것이나 듣는
것, 모든 것에 마음을 주고 정을 주게 되었을 것이다. 그게 동심이다. 아이
마음이고 꼬맹이 심정이다. 문득 온 둘레가, 그리고 세상이 재미있어진다.

방귀 뀌는 뽕나무

옛날 아이들은 잠자리 같은 벌레, 꿩 같은 새를 벗하고는 재미를 많이 보
았다. 하지만 그것만으로 멋 부리고 만 게 아니다.

뽕나무가 방귀를 뽕
대나무가 대끼 놈
참나무는 참아라

이처럼, 말 못하는 나무를 벗하고도 놀아댔다. 뽕나무의 그 '뽕'을 따서

는 방귀에 갖다 붙인다. 아이들의 방귀 소리는 으레 '뽕' 하고 소리를 내기 때문이다. 그러니 대나무는 '대끼!' 하고 꾸짖고, 참나무로는 그 '참' 소리를 따서 참으라고 말한다. 그 말재주가 사뭇 돋보이지 않는가.

그런 말장난은 대상을 가리지 않는다. 뭐든 꼬맹이들의 말동무가 된다.

찔레 먹고 찔찔

고추 먹고 고고고

달래 먹고 달달

나승개(냉이) 먹고 나서자.

이처럼 찔레꽃, 고추, 달래, 냉이 등등의 꽃과 나물이 마치 소꿉동무 꼴이다. 같은 소리의 말끼리 갖다 붙이기만 하면 뭐든 말동무가 된다. 그것은 요즘 말로 하면 '게임'이 될 것이다. 이처럼 몇 세대 전 꼬맹이들은 자연을 더불어서 별의별 물건을 벗해서는 '말 게임'을 하고 놀았다. 그 꾀가 번득이지 않는가.

고추 먹고 맴맴

담배 먹고 맴맴

하늘이 뱅뱅

땅이 뱅뱅

어지러워 뱅뱅

206   매미가 들으면 저희들 노랜 줄 알겠지만, 이 노래는 꼬맹이들이 '매암돌

기'를 하면서 부르는 노래다. 두 팔 들고 두 눈을 감고는 온몸을 뱅글뱅글 팽이처럼 돌리면서 부르는 노래다.

한데 고추야 꼬맹이들도 반찬으로 먹었을 테지만, 담배라니! 이건 무슨 말인가? 꼬마가 담배라니, 당치도 않을 것이다.

그러나, 그렇지만도 않았던 모양이다. 어른들 몰래 장난삼아 한두 모금 빨아봤더니, 그만 맛은 맵고 눈알이며 머리는 뱅뱅 맴돌았던 것이다. 아이는 아마도 '이크, 이게 아닌데! 어른들은 별걸 다 피우고 있네!' 하고는 기겁을 했을 것이다. 그렇기는 해도, 실수로 저지른 담배 피기가 말장난과 노래의 밑천이 될 줄이야! 그래서도 꼬맹이들은 거듭 말 놀이의 천재다.

비야 비야 오지 마라

예전의 아이들은 온갖 것, 별것 아닌 것, 그저 그렇고 그런 것을 가지고도 신나게 노는 것을 앞에서 실컷 보았다. 벌레 가지고 그랬고, 풀이며 꽃, 나무를 가지고도 그랬다. 예전엔 둘레의 모든 것이 친구고 벗이고 동무였다. 그렇기에 꼬맹이들은 심심함을 모르고 언제나 신명에 겨워 자랐다.

비야 비야 오지 마라.
우리 언니 시집간다.
비야 비야 오지 마라.
가마 꼭지 얼룩진다.

"가마 꼭지 얼룩진다"는 대목이 재미있다. 언니가 시집가면서 타는 가마는 예쁘고 아름답게 꾸며진 꽃가마다. 그런데 비가 와 가마 중에서도 유달리 그 꼭지를 적신다면 신부가 안쓰러워할 것이다. 꼬맹이 동생의 마음 씀씀이가 이토록 정겹다.

이처럼 비를 노래하다 보니, 다른 날씨를 두고도 아이들은 동심을 발동해서 재미나게 노래 불렀다.

바람아 바람아 불어라.
대추야 대추야 떨어져라.
애들아 애들아 주워라.
어른이 어른이 뺏을라.
애들아 애들아 주워라.

이처럼 대추에 부쳐서 바람을 노래 부르기도 했다. 이 노래 장단에 맞추어 바람은 더 한층 대추알이 굴러 떨어지도록 거들고 나섰을 것이다.

아이들은 날씨만을 가지고 말장난의 노래를 불렀던 게 아니다.

해야 해야 붉은 해야!
김칫국에 밥 말아 먹고,
장구 치고 나오너라.

이건 동트는 해를 노래한 것이다. 빨리 해가 떠서 하루를 흥겹고 신나게 맞이하고픈 소망을 담고 있다. 먼 옛날에는 김칫국에 밥 말아 먹는 것만 해도 성찬盛饌, 곧 잘 차린 먹을거리였다. 그렇게 신나게 맛나게 잘 먹고는, 장구 치고 신명 떨고 나서듯이 해가 동터 오르라는 것이다. 어쩌면 안개 서린 것 같은 아침노을을 헤집고 동쪽 하늘가에 떠오르는 햇살이 김칫국처럼 보였을는지도 모르겠다. 아무러하든 이 노래를 들었다면 여명의 새벽 해는 기운차게 떠올랐을 것이다.

그런가 하면, 초저녁 하늘에 떠오른 달을 노래하기도 했다.

달도 달도 밝다.
하늘도 밝고 땅도 밝다.
쪽 실로 저고리 짓고
푸른 실로 치마 지어
옥이듯이 떠올라서
구슬이듯이 밝아라.

이렇게 옛적의 아이들은 비를 노래하고 바람을 노래했다. 해를 노래하고 달도 노래했다. 물론 별도 읊었다. 한두 사람, 예컨대 어떤 특정한 시인만이 그랬던 게 아니다. 한 마을, 한 고을의 아이들이 너나없이 어울려서는 한 동아리로 그렇게 노래했다. 그러면 우주 만물이, 온 하늘과 온 땅이 노래 부르는 아이들과 합세했다. 그런 것이 민요고 시였다.